“双减”背景下的学校管理与教育教学创新丛书

丛书总主编◎张仁贤

中小学教师信息技术应用能力提升教程

袁秀利 郭广丰◎编著

中国轻工业出版社

图书在版编目(CIP)数据

中小学教师信息技术应用能力提升教程 / 袁秀利,郭广丰编著. —
北京:中国轻工业出版社,2022.1
ISBN 978-7-5184-0881-8

Ⅰ.①中… Ⅱ.①袁… ②郭… Ⅲ.①中小学-计算机
辅助教学-师资培训-教材 Ⅳ.①G434

中国版本图书馆 CIP 数据核字(2016)第 062091 号

策划编辑:刘云辉　　责任编辑:张文佳　　责任终审:张乃柬
责任监印:马金路　　封面设计:郝亚娟　　图书策划:天宏教育
出版发行:中国轻工业出版社(北京市东长安街 6 号,邮编 100740)
印　　刷:三河市人民印务有限公司
经　　销:各地新华书店
版　　次:2022 年 1 月第 1 版第 2 次印刷
开　　本:710×960mm　1/16
印　　张:12.5
字　　数:167 千字
书　　号:ISBN 978-7-5184-0881-8
定　　价:85.00 元

邮购电话:010-65241695　传真:65128352
发行电话:010-85119835　85119793　传真:85113293
网　　址:http://www.chlip.com.cn
Email:club@chlip.com.cn
如发现图书残缺请直接与我社邮购联系调换
160291Y1X101HBW

前　言

数字化信息技术为教育教学的革命性变革提供了前所未有的技术支持：虚拟仿真技术使人梦想成真，物联网使数字地球变成智慧地球，云服务使教育与服务无所不在，互动技术使学习的主体参与性更加突出。教师队伍建设是教育信息化可持续发展的基本保障，信息技术应用能力是信息化社会教师必备的专业能力。近年来，各地通过多种途径开展教师信息技术相关培训，取得了积极成效，但也存在着项目分散、标准不全、模式单一、学用脱节等突出问题。

为全面提升广大中小学教师信息技术应用能力，进一步破解教育信息化发展中的瓶颈问题，同时为了有效促进、变革传统教学方式，运用新技术促进教师自主专业发展，我们吸收、借鉴了新媒体联盟（NMC）和学校网络联盟（CoSN）联合发布的《2015 地平线报告（基础教育版）》中可能对教与学最具影响力的新兴技术、新兴技术下教育发展的趋势、学校面临的挑战及基础教育未来技术发展的描述以及国内信息技术应用的经验和最新成果，根据《国家中长期教育改革和发展规划纲要（2010—2020 年）》《教育信息化十年发展规划（2011—2020 年）》《教育部关于实施全国中小学教师信息技术应用能力提升工程的意见》《中小学教师信息技术应用能力标准（试行）》等文件精神，编写了本书。

本书依据应用信息技术优化课堂教学系列技术素养类 T1 至 T7 主题具体说明标准组织学习内容，选择了当前信息技术领域最前沿、最具代表性、最实用的专题。其内容重在帮助教师树立主动应用信息技术的意识，适应不同的信息技术环境，学会操作常用的信息技术设备，运用通用软件和学科软件，使用网络教学平台，进行数字教育资源的获取、加工和制作等。

建议使用者在使用本书的过程中能够系统分析各专题的地位和作用，有机联系各专题内容完成学习，充分发挥学习者个人的主观能动性，通过学习者广泛的文献阅读、丰富的教学实践以及持续的教学反思，以提升应用信息技术的能力，促进信息技术与教育教学深度融合。

本书由袁秀利、郭广丰编著。其中专题一、二、五由袁秀利编著，专题三、四、六、七由郭广丰编著，全书的统稿由袁秀利完成。书中如有不足之处，敬请读者批评指正。

编　者

目　录 Contents

专题一

信息技术引发的教育教学变革

1.1　信息技术发展趋势对教育教学产生的影响

1.2　新技术在当前教育领域的主要应用

1.3　教育领域中新技术应用趋势

问题导入

某校请了一些专家开展信息技术的相关培训，课下老师们都在讨论“信息技术对学科教学有什么影响”。

教数学课的王老师说：“信息技术就是把咱们的教学材料电子化，存储在计算机中，便于咱们今后检索和编辑，咱们该怎么教还怎么教。”

教物理课的张老师接着说：“信息技术对学科教学的影响还是比较深刻的，信息技术除了充当教师的好帮手外，更深层次将影响到学生的学习过程，咱们之前的教学方式可能要改变。”

教化学课的李老师又说：“前段时间，我参观了一个教育展览，看到了 3D 打印等新的信息技术，这些新技术以后可能会应用到咱们的教学中。”

新入职的几位年轻教师听得比较困惑，对“信息技术对学科教学有什么影响”“现在有哪些新的信息技术能用到咱们的教学中”这几个问题还没弄明白。

21 世纪是信息高速发展的时代，信息技术的高速发展推进了教育事业的持续发展。现代教育中处处可以看到信息技术的身影，信息技术为现代教育提供了较为丰富的信息资源和信息工具，对教育思想和观念、形式和方法、目标和内容、学习习惯等各方面都会产生深远而持久的影响。同时，信息技术与教育本身有机地结合起来，相互交融，互为补充，完成了从传统教育向现代教育、从实体教育向网络信息教育的重大转变。

1.1 信息技术发展趋势对教育教学产生的影响

信息技术（Information Technology，IT），是主要用于管理和处理信息所采用的各种技术的总称。它主要是应用计算机科学和通信技术来设计、开发、安装和实施的信息系统及应用软件。它也常被称为信息和通信技术（Information and Communications Technology，ICT）。具体来讲，信息技术是指在计算机和通信技术支持下用于获取、加工、存储、变换、显示和传输文字、数值、图像以及声音信息，包括提供设备和提供信息服务两大方面的方法与设备的总称。按表现形态的不同，信息技术可分为硬技术（物化技术）与软技术（非物化技术）。前者指各种信息设备及其功能，如显微镜、电话机、通信卫星、多媒体电脑等；后者指有关信息获取与处理的各种知识、方法与技能，如语言文字技术、数据统计分析技术、规划决策技术、计算机软件技术等。

人类历史初期，语言是人类进行思想交流和信息传播不可缺少的工具。在约公元前 14 世纪的铁器时代，文字的出现和使用使人类对信息的保存和传播取得重大突破，较大地超越了时间和地域的局限。大约在 1040 年，我国开始使用活字印刷技术。印刷术的发明、使用和发展，使书籍、报刊成为重要的信息储存和传播媒体。19 世纪 70 年代电话发明以来，人类进入了利用电磁波传播信息的时代。1946 年电子计算机的问世，使信息技术得以迅速发展。从信息技术的发展历程来看，信息技术有高速、大容量、综合化、数字化、个人化的发展态势。同时，信息技术的重点正在由技术转向信息，即转向对信息处理、信息的有效利用和信息的快速获取，这对于整个经济结构都将产生至关重要的影响。

以计算机技术、网络通信技术为代表的现代信息技术的应用影响了社会生活的各个方面，并且迅速延伸到教育领域。信息技术的发展使教育技术乃至教育方式产生了革命性的变化，特别是20世纪90年代以来，随着信息网络技术、现代通信技术、多媒体技术和移动互联网技术的迅猛发展，信息技术已经深入到了教育教学的各个方面，并与教育教学的全过程有机地结合了起来，形成了与现代信息技术须臾不可分离的现代教育技术。

1.1.1 信息技术的使用对教育教学环境的影响

现代信息技术使单调枯燥的教育教学环境趋向多样化。如从投影仪、幻灯机进课堂，到录音机、语音实验室在语言教学中应用，再到电影、录像机和广播电视教育，现在已发展到网络化的多媒体教学。多媒体教学以及网络教学的开展，建立了一个开放的有助于学生学习的学习环境。

多媒体教室在声音、光线等方面的设置非常适合学生的学习，改变了教育教学形式；依托多媒体技术和网络通信技术，教师可以在课堂上演示过去和未来、微观和宏观以及其他很多无法用语言来直接描述的知识信息，在既定的时间内给学生传授更多、更直观、更有激发力和想象力的知识，从而提高教育教学的质量和效率，增强学生的接受能力，加深其记忆力；多种现代教学信息媒体的引进丰富了教学内容，开阔了学生的眼界，使教学由抽象到直观，有利于学生观察、认识能力的培养。教学信息量的增加及快速准确地传递、接收与利用，使原有的记忆式、照相式的学习变为检索式、归纳式的学习。

同步在线信息获取不再要求学习者聚集到一起，也不再受到时间的限制，学生可以随时获取教育资源并反馈教育资源，实现资源的最优化。如学生网上提问、做作业，教师网上答疑、布置作业、改题、命题、考试等；学习时间和地点可以任意选择，只要学生方便，就可随时上网学习；学习内容与进度任意选择，难点可以反复学，已掌握的部分可以跳过不学。

传统的教学中教师和学生之间的交流现象较少，在课堂中教师和学生之间的交流时间更少，离开课堂后学生和教师之间的交流工作更加困难。

网上远程教学可以满足教师与学生之间的多向交流，通过电子邮件或视频音频文字会议系统，教师可快捷地与学生通信交流，获得一种前所未有的更为丰富、更为自由的学习环境。

1.1.2 信息技术的使用改变了教育教学观念

信息技术的发展带来了教育教学观念的巨大转变，使得教育教学观念摆脱了学校围墙的束缚，从封闭走向开放。

信息技术的高速发展，要求课程内容必须适应信息化社会发展的要求，增加与信息技术相关的内容，例如开设信息技术课程，以及在其他学科目标中加入培养学生信息素养的内容，并要求各学科课程都必须根据时代发展要求，革新原有过时的课程内容。网络资源的丰富性和共享性，都冲击了传统课程资源观，课程资源的物化载体不再单单是书籍等印刷制品，还要包括各种网络资源。

信息技术的发展以及由其带来的开放性的信息社会环境使学生获得知识和资料的途径更加广阔，以学为主的探究性学习、自主学习、终身学习等教育教学理念应运而生，整个教育体系变得更具开放性和包容性。信息技术支持的学习环境下，要求学生学会的不仅是单纯的课本知识，还要培养学生通过信息技术手段去获取信息、处理信息、研究解决问题的实际能力。

1.1.3 信息技术的使用改善了学习模式

信息技术的发展丰富了学生的学习手段，主要呈现出以下几种学习模式。

1. 自主学习模式

互联网为学生提供了多样化的学习资源，如各种资源网站、慕课、微课等，学生可以方便地获取所需的学习资源。在这种条件下，学生的许多问题可以不通过教师而直接通过网络来解决。因此，学生的自主学习非常方便。这种学习方式不受时间、空间的限制，非常灵活。学生的自信心、兴趣和学习效率都得到了一定程度的提高。

2. 探究式学习

网络环境下，信息技术为学生提供了大量的资源和探讨空间，对于学生不确定的问题，可通过网络环境进行即时的讨论和分析，从而培养其自主意识和团队协作精神，提高了学生信息处理和分析的能力。

3. 协作学习

在传统教学模式下，课堂时间和学生的理解能力有限，且大部分课程属于渐进式模式，学生之间无法进行有效的协作，师生间的交流也少。而网络环境的远程教育系统为学生之间的相互协作、师生间的交流提供了良好的环境。通过与他人的合作，学生找到了团队协作的途径，养成了团结协作的精神。

1.1.4 信息技术的使用丰富了教育教学的服务支持工具与资源

对于教育界来说，计算机多媒体和网络技术也已经成为教学过程中不可或缺的部分。近年来，多媒体技术已经在各类教育中得到了广泛的应用，其形象性、再现性、先进性、高效性、普遍适应性等特点，在中小学校教育教学中也得到体现和发挥。常用的多媒体教学设备有多媒体教室、多媒体计算机、数字投影机、电子白板、视频展台等。另外，网络教学系统、各种学科软件如几何画板、化学仿真实验工具、Google Earth 等在中小学教育教学过程中使用非常普遍。

教育资源是维持教学活动的根本。在学校教育中，教育资源作为不可或缺的一部分，其数量和质量直接影响着学校的教学效率。目前大部分学校都具备多媒体技术资源，并且教师在课堂的教学中也越来越多地运用多媒体技术资源。多媒体技术的使用大大增加了教学课程内容的丰富性和形象性，也使得教师的备课工作更容易进行；伴随着信息技术的发展，教育资源呈现出多样性并且可以实现共享。具体可通过计算机网络将各办学机构连接成片，利用云计算技术对公共服务平台、数字化图书馆、智能虚拟科学馆、Web 学习分析系统等平台进行统一管理，促进其间的交流沟通并提高融合力度；依托办学机构合作、校企合作扩大教育资源建设规模和提升教育资源建设质量，并将通过认证的优质数字化教育资源按办学层次、学科类别、分类整合存储于教育云端，形成大规模开放在线课程（MOOC）资源库，资源库将可以接受不同层次的受教育者免费注册学习。

1.2 新技术在当前教育领域的主要应用

当前，信息技术发展迅猛，以移动计算、云计算、富媒体技术、社会计算等为代表的技术形态为教育教学的产生带来了强大的支撑力。

1.2.1 富媒体

富媒体，即 Rich Media 的英文直译，本身并不是一种具体的互联网媒体形式，而是指具有动画、声音、视频和交互性的信息传播方法。富媒体包括多媒体（二维和三维动画、影像及声音），包含流媒体、Flash 以及 Java、JavaScript、DHTML 等程序设计语言形式的之一或者几种的组合。富媒体可应用于各种网络服务中，如网站设计、电子邮件、Banner、Button、弹出式广告、插播式广告等。

在富媒体技术发展的基础上，促使了数字化教材的生成与发展，使教材设计理念、结构、内容形态、教材的知识扩展与前瞻性、师生的互动与信息反馈、学习者的学习体验等多方面发生了变化。

1.2.2 智能终端

智能终端即移动智能终端的简称，由英文 Smart Phone 及 Smart Device

于2000年之后翻译而来。智能终端拥有接入互联网能力，通常搭载各种操作系统，可根据用户需求定制各种功能。常见的智能终端包括智能手机、笔记本电脑、PDA智能终端（掌上电脑）、平板电脑、可穿戴设备等。

3G技术的日益普及使得传统互联网和移动互联网之间的概念日益模糊，越来越多基于移动互联网的应用正在改变人们的工作和生活方式，移动学习逐渐成为学习者的一种重要学习方式。3G技术将无线通信与国际互联网等多媒体通信技术结合起来，可以提供高速数据业务，速率一般为每秒几百千字节。不仅能处理图像、音乐、视频流等多种媒体形式，还可提供诸如网页浏览、电话会议、电子商务等多种服务，推动了泛在学习、移动学习的发展，使知识获取精准便捷、课堂教学互动多元、教学活动组织灵活轻便、时空延展经济高效，使正式学习形态和非正式学习形态的开展得以有机结合。随着可携带移动终端的广泛使用，移动学习不仅能实现“随时、随地”，而且能够“随身”进行，便捷性、灵活性、高效性、移动性是它明显的特性。

1.2.3 云计算技术

对云计算的定义有多种说法。对于到底什么是云计算，至少可以找到100种解释。现阶段广为接受的是美国国家标准与技术研究院（NIST）的定义：云计算是一种按使用量付费的模式，这种模式提供可用的、便捷的、按需的网络访问，进入可配置的计算资源共享池（资源包括网络、服务器、存储、应用软件、服务），这些资源能够被快速提供，只需投入很少的管理工作，或与服务供应商进行很少的交互。云是网络、互联网的一种比喻说法。过去在图中往往用云来表示电信网，后来也用来表示互联网和底层基础设施的抽象。因此，云计算甚至可以让你体验每秒10万亿次的运算能力，拥有这么强大的计算能力可以模拟核爆炸、预测气候变化和市场发展趋势。

用户通过电脑、笔记本、手机等智能终端接入数据中心，按自己的需求进行运算。以云计算技术为支撑的应用和服务环境正改变着信息技术应用的模式和使用方式，产生了能够满足精准服务教学需求的环境，提高了教育服务质量，显著提升了信息技术教育教学应用的深度与水平。

1.2.4 社会计算

目前对此还没有一个明确和公认的定义。笼统而言，社会计算是一门现代计算技术与社会科学之间的交叉学科。国内有学者将其定义为：面向社会活动、社会过程、社会结构、社会组织和社会功能的计算理论和方法。

可以从两个方面看这种学科的交叉：微观和技术的层面，是研究计算机以及信息技术在社会中得到应用，从而影响传统的社会行为的这个过程。从人机界面（Human Computer Interaction，HCI）等相关研究领域出发，研究用以改善人使用计算机和信息技术的手段。宏观的层面，则是基于社会科学知识、理论和方法学，借助计算技术和信息技术的力量来帮助人类认识和研究社会科学的各种问题，提升人类社会活动的效益和水平。这个角度试图以凭借现代计算技术的力量，解决以往社会科学研究中使用经验方法和数学方程式等手段难以解决的问题。

以社会计算为代表的技术形态在教育教学流程的各个环节中实现了人与人的协作与及时交流，并使得资源共享、服务的使用、知识获得更具人性化、个性化、趣味化的特征。

1.2.5 虚拟现实技术

虚拟现实技术（VR）是一种可以创建和体验虚拟世界的计算机仿真系统，它利用计算机生成一种模拟环境，是一种多源信息融合的交互式的三维动态视景和实体行为的系统仿真。虚拟现实技术主要包括模拟环境、感知、自然技能和传感设备等方面。模拟环境是由计算机生成的、实时动态的三维立体逼真图像；感知是指理想的 VR 应该具有一切人所具有的感知。除计算机图形技术所生成的视觉感知外，还有听觉、触觉、力觉、运动等感知，甚至还包括嗅觉和味觉等，也称为多感知；自然技能是指人的头部转动，眼睛、手势或其他人体行为动作，由计算机来处理与参与者的动作相适应的数据，并对用户的输入做出实时响应及分别反馈到用户的五官；传感设备是指三维交互设备。

在教育领域虚拟现实技术得到了广泛应用。如：国内天津大学在1996年，最早开发了我国虚拟校园；我国最早的网络学校产生于1997年，至今，已有几百家网络虚拟学校。斯坦福大学胡佛研究所最新报告预计，到2019年，全美九年级到十二年级的课程中，半数将采取网上授课方式；在教育培训方面：中国浙江大学研制开发了基于人物的电子学习环境(ELVIS)，用来辅助9~12岁小学生进行故事创作；Lofin等人在1993年建立了一个“虚拟的物理实验室”；新加坡运用动感世界AWEDU（Active Worlds Educational Universe）构建了如细胞分裂和太阳系的虚拟教学环境，供小学生学习科学；2008年，美国布法罗大学虚拟现实实验室研制成功青蛙解剖软件，是虚拟现实技术在教育领域应用的一个新的里程碑。

1.3 教育领域中新技术应用趋势

美国新媒体联盟（New Media Consortium，NMC）是一个非营利性专业机构，与300个美国的及众多其他国家的信息技术跨国企业、大学、博物馆、学习中心、基金会等教育及学习机构围绕“教育信息技术的创新实践与未来发展研究”结成业务联盟。《地平线报告（基础教育版)》是新媒体联盟地平线项目研究成果的一部分，这项研究于2002年启动，旨在勾勒出影响全球教育领域的新兴技术发展趋势及其对于各级各类教育机构在教学方面的影响。新媒体联盟地平线报告已经成为国际教育信息化发展的风向标。

通过分析2013年、2014年及2015年《地平线报告（基础教育版)》，可以看出新媒体联盟遴选出了未来应用在教育领域中的新技术，它们分别是：

1.3.1 自带设备

《地平线报告》的 2015 年基础教育版指出：BYOD（Bring Your Own Device）的成功在于它适应了移动学习的全球发展趋势，从老人到儿童越来越多地持有移动设备，并在不同环境下联网学习。Gartner 在 2013 年预计 2014 年世界范围内个人笔记本电脑、平板电脑、便携设备和手机的销量将达到 24 亿部；2018 年，超过一半的用户将通过平板电脑或智能手机上网；2019 年，中国预计将超过美国，其中包括幼儿园在内的基础教育阶段使用平板电脑和数字化内容等。

学生的学习方式离不开移动设备，自带设备的管理策略目的是充分利用学生家庭拥有的移动设备。越来越多的学校管理者和教师允许学生自带设备连接学校网络开展学习。有了这些设备，学习活动能够随时随地进行，学生们也能很快适应，教学效果明显。自带设备作为技术手段，将预示出很好地适应个性化学习风格的愿景，让学生具备更强的主人翁意识。

1.3.2 3D 打印

3D 打印（3DP）即快速成型技术的一种，它是一种以数字模型文件为基础，运用粉末状金属或塑料等可黏合材料，通过逐层打印的方式来构造物体的技术。

3D 打印通常是采用数字技术材料打印机来实现的。常在模具制造、工业设计等领域被用于制造模型，后逐渐用于一些产品的直接制造，已经有使用这种技术打印而成的零部件。该技术在珠宝、鞋类、工业设计、建筑、工程和施工（AEC）、汽车，航空航天、牙科和医疗产业、教育、地理信息系统、土木工程、枪支以及其他领域都有所应用。

通过 3D 打印技术可以将电脑里的虚拟物品转化成现实中的真实物品，并把它交给学生，让学生可以在现实中更直观地观察、研究。因此，通过 3D 打印技术显著地缩小了现实和虚拟之间的距离，当你需要什么东西的时候，打开电脑，找到它的虚拟模型，然后通过打印把它变成现实。比如：学生可以用它打印出自己设计的原型产品，打印出自己设计的建筑实体模型，复制有考古意义的物品，制作3D版本的艺术品，绘制真实的地势图，人口分布图，设计食物的产品造型，打印各种各样的实体汽车部件，打印分子模型，打印出细胞、病毒、器官和其他重要的生物样本等。

1.3.3 自适应学习技术

“自适应学习”开创于20世纪80年代，其诞生凝聚了中国科学院心理研究所认知心理学家朱新明教授的心血，在教育界开了素质教育的先河。

自适应学习是相对于传统的在线教育学习系统而言的。传统的在线教育采用线性学习模式，所有的学生都按同样的学习步骤来学习同样的内容。自适应的学习系统则会通过技术手段，检测学生当前的学习水平和状态，并相应地调整学习活动和进程，帮助学生实现差异化的学习。

目前很多学校对自适应学习技术的前景非常乐观，认为自适应学习平台可以作为新型的、有耐心的学习导师大规模推进个性化教学。

1.3.4 数字徽章

徽章在人类历史上至少存在了几百年。我们很早就在军队、法院、童子军等场合用各类徽章来标识人们的层级、成就和技能。到后来，实体标识形式的徽章慢慢开始演化，特别是随着信息技术的发展，出现了以电子形式存在的“数字徽章”（Digital Badge）。数字徽章以它特有的电子形式，比传统实体版本的徽章更易于保存和免于维护，成为一种新型的评估认证手段。

与传统学位和资格认证相比，数字徽章可更加全面查看学习者的能力，也更加适应在线学习环境下学习者的弹性学习需求。越来越多的学校正在把数字徽章用作评价学生正式和非正式学习成果的替代评价方式。数字徽章是一种极具创新特点的技术。它不仅为学历认证带来了一种新工具，更重要的是给传统的学历认证体系带来了一种突破现状的新思考方式。数字徽章是一种颠覆性的技术，具有很大的应用价值。

1.3.5 可穿戴技术

可穿戴技术是20世纪60年代，美国麻省理工学院媒体实验室提出的创新技术，利用该技术可以把多媒体、传感器和无线通信等技术嵌入人们的衣着中，可支持手势和眼动操作等多种交互方式。

这一技术通过“内在连通性”实现快速的数据获取、通过超快的分享内容能力高效地保持社交联系，可以摆脱传统的手持设备而获得无缝的网络访问体验。

现在的可穿戴技术不仅可以追踪记录一个人去了哪里、做了什么、用了多少时间，还可以计算出他们的志向以及达成志向所需的时间。

在基础教育中，可穿戴技术最有价值的应用是可增强实地考察和调查的巨大潜力。例如，可穿戴技术能够瞬间捕捉数百张照片或在地质勘探时收集用户周边环境的数据，并可以通过电子邮件或其他网络应用程序去获取数据。

上述技术形态相互交叠、相互渗透，为教与学的创新实践带来了前所未有的发展空间。这些技术的快速发展进一步增强了信息技术对教育教学的融合，促使教育教学方法、模式及学习方式等发生根本性变化，加快了从“以教为中心”向“以学为中心”的转变、从知识传授为主向能力培养为主的转变、从课堂学习为主向多种学习方式的转变。

练习与思考

1. 结合你所教的学科，谈谈信息技术对该学科教学有什么影响。
2. 在你所教学科中，该章节介绍的新技术可以用到哪些教学场景中？
3. 作为一名教师，面对信息技术的高速发展，你应在哪些方面做出努力？

专题二

多媒体教学环境认知与常用设备使用

2.1 多媒体教学环境概述

2.2 多媒体教学环境中常用设备的使用

问题导入

电教室的老师带领新入职的几位教师参观了多媒体教室，并简单介绍其使用方法，几位新教师还有些疑惑：

1. 学校有多媒体教室、网络教室、电子阅览室等，哪些类型的课程适合在哪类教室中上课?

2. 每个教室都配备了数字投影机、电子白板、视频展示台等设备，这些设备具体如何使用，使用时有哪些注意的问题?

信息技术对教育教学最直观的影响就是为现代教育提供了多媒体教学环境。多媒体教学环境的丰富性、多样性、多通道性等特征使其有别于传统的学习环境，学生在此环境下可能产生不同的情感、知觉、偏好等。国内各中小学校先后建立了各种各样的多媒体教学环境，如多媒体教室、网络教室、多媒体语言学习系统、计算机辅助教学（CAI）系统、电子阅览室、Internet 教室等，用于开展课堂教学、个别化自主式学习、远程教学等多种模式的教学。

2.1 多媒体教学环境概述

多媒体教学环境是指运用多种多媒体教学设备、采用现代教育技术手段进行教学的一种教学环境。伴随着信息技术的快速发展，多媒体技术在教学中的应用已日趋普遍。多媒体教学环境的丰富性、多样性、多通道性等特征使其有别于传统的学习环境，学生在此环境下可能产生不同的情感、知觉、偏好等。

近年来，国内各中小学校先后建立了各种各样的多媒体教学环境。由于投入不同、配置各异，功能不一，因此模式、名称也五花八门。但是，无论如何千变万化，归纳起来，不外乎以下几种。

2.1.1 “课堂教学模式”的多媒体教学环境

这类模式的共同特点是：教师实时参与，学生在教师指导下学习；多媒体计算机仅仅作为先进的教学手段，由教师直接操纵。

1. 多媒体教室

（1）配置。

将带有“集成控制系统”的多媒体计算机与各种音视频设备（如大屏幕投影电视、视频展示仪、录像机、影碟机、录音卡座、功放、话筒等）组合起来参与课堂教学。

（2）特点。

多媒体计算机仅作为教学手段，主要用来集中控制音视频设备、发布各种教学信息。教师在多媒体教室可以使用教学所需的任何教学媒体（如幻灯片、投影片、图片、实物、模型、录音带、录像带、光盘、CD-ROM、计算机软盘等）来丰富教学内容。由于集中控制，操作简便、直观，教师还可以通过人机对话调用各种教学资源。这类多媒体教室可容纳 200 ~ 300

人甚至更多，投资相对较少，但收益面广，又能与传统的课堂教学相衔接，因此使用普遍。当然，多媒体计算机仅由教师控制，不接受学生的反馈信息。

（3）适用。

多媒体课堂教学、专题讲演、学术交流、报告会等（图2-1）。

图2-1 “多媒体教室”示意图

2. 多媒体语言学习系统

（1）配置。

在传统语言学习系统的基础上，增加多媒体计算机和所需的音视频设备（如大屏幕投影电视、录像机、影碟机等）。

（2）特点。

使用该系统，教师在机动、灵活地组织不同形式（如通话、节目传送、兼听、分组讨论、个别辅导等）语言教学的同时，能让学生在大屏幕（或自己的显示屏）上看到与教学内容相配的文字、图片或图像，听到声音。生动形象的情景、清晰的语言，不仅能提高教学效果，还能激发学生的学习兴趣和求知欲望，加深理解。这里，多媒体计算机除了控制功能，主要发挥教学辅助作用，如加上学习反映软件后，即可完成考查、评分、统计、分析等功能。

（3）适用。

语言教学、语言培训、语言考试等（图 2-2）。

图 2-2 “多媒体语言学习系统”示意图

3. 网络教室

（1）配置。

网络教室为学生创造了一个实时的网络互动课堂，通过远程音视频授课，不仅能够有效提升网络学习的学习效果，更能满足多个学习者的学习需求，全面提升学习效率。其系统基础主要由课件制作工具、实时互动课堂、课件点播系统、学习管理系统和学习网关构成。

（2）特点。

在“网络教室”，教师可根据教学需要，通过鼠标、键盘来演示教学内容，或命令“学生机”发送屏幕信息。学生可以以电子举手的形式请求帮助、提出问题。教师可以巡视每个学生的屏幕了解学生的学习情况，并实时反馈对学生练习、回答的意见。既有利于调动学生学习的主动性，又能充分发挥教师的作用。

(3) 适用。

多媒体课堂教学（特别是计算机教学）、计算机培训、计算机考试、多媒体 CAI 课件交流、演示等（图 2-3）。

图 2-3 “网络教室”示意图

2.1.2 “个别化自主式学习模式”多媒体教学环境

1. 计算机辅助教学（CAI）系统

(1) 配置。

与网络教室相同。

(2) 特点。

在该系统中，教师通过软件指导学生学习，学生通过人机交互，达到自主学习的目的。该系统具有多种学习功能：学生可按自己的需要选择课件；通过感官接受计算机传递的各种教学信息（包括文、图、音、像等），并利用交互手段处理教学内容——或略、或详、或重复，直到理解并记忆；通过输入设备（鼠标、键盘等），回答计算机的提问，从中了解学生学习及掌握的情况；计算机又能根据学生的应答，做出判断和反馈，如肯定、表扬或否定，用来激励或鞭策学生努力学习；掌握、了解了学生情况，做出下一步教学决策——或继续学习新内容，或重复老内容，或补习未掌握的内容，并提供更详细易懂的资料。

(3) 适用。

学生自学、复习、自测等（图 2－4）。

图 2－4　“计算机辅助教学（CAI）系统”示意图

2. 电子阅览室

(1) 配置。

电子阅览室，又称 VOD（全称为 Video On Demand）系统，其由视频服务器、光盘塔、集线器和若干工作站（用户）组成。视频服务器是 VOD 系统的心脏，用于系统服务、课件库管理和系统安全性保障。光盘塔用来储存课件光盘。光盘塔可以支持多个 CD-ROM 驱动器，根据系统需要，还可以直接并联若干光盘塔。若每一个塔支持 8 个驱动器，则 7 个光盘塔可支持 56 个 CD-ROM 驱动器。有的 VOD 系统，将许多课件存入大容量的硬盘，用以替代光盘塔，这种系统更快捷、可靠。

(2) 特点。

①点播授课。

学生可在任何一个工作站中，从“课件库”（光盘塔）中随意点播自己需要的多媒体课件，达到网上教育的目的。它能在同一时刻为多个学生提供同一个课件。

②电子阅览。

学生可随时启用“电子阅览室”功能，调用所需的任何形式、格式的文本、图片、图像和多媒体课件，进行浏览、复习、自学、自测等。同样，学生们可同时使用某一个内容，实现资源共享。

③课件编辑制作。

为教师制作多媒体课件提供 CD、录音机、录像机、VCD、扫描仪等文、图、音、像的编辑制作存储工具。

④课件上传下载。

提供合成打包工具，教师可将使用该系统编辑的多媒体课件合成为适合 Internet 网络传输格式的文件，便于上传下载，或提供单机播放，或网上传输到异地播放。

⑤广播教学。

在多媒体教室或全校工作站，以广播形式进行教学或会议。

⑥远程教学。

通过 Internet 网络，可实现远程教学。

（3）适用。

主要用于学生自学、复习、自测等。教师也可利用该系统与其他设备、设施配合，编辑制作多媒体课件，开展远程教学或举行视频会议（图 2－5）。

图 2－5 “电子阅览室”示意图

2.1.3 “远程教学模式”多媒体教学环境

1. Internet 教室

（1）配置。

根据所需规模，配置相应套数的多媒体计算机终端，连入“Internet”。无条件的学校，甚至借用一条电话线、一部 MODEM、一个 IP 地址，也能上网。

（2）特点。

学生可以遨游 Internet、浏览网页、WWW、FTP、Telnet、收发 E-mail 等。

（3）适用。

学生上网学习、练习、培训等（图 2－6）。

图 2－6 “Internet 教室”示意图

2. 远程教育系统

这是一种利用多媒体通信技术（如卫星传输、微波发射、有线电视网等）与多媒体计算机网络技术相结合，来实现教与学、实时或非实时交互式的联系，突破传统教育的模式，打破教学时空界限，实现教育资源共享的一种先进的教学形式。

（1）配置。

远程教育系统一般由主站远程演播室、远程教室两部分构成。

①主站远程演播室。

应配置多媒体工作站、专用服务器、数台摄像机、大屏幕投影电视、多媒体集成控制器、视频展示台、多台监视器、电话、功放、音响、话筒等。

②远程教室。

通常需配置专用服务器、大屏幕投影电视、摄像机、电话、功放、音响、话筒等。用于计算机教学的高档“远程教室”，还应该为每位学生配备多媒体终端，并连入“远程教育系统”。

（2）特点。

①实时互联。

教师可利用该系统向所有远程教室的学生“现场”上课：无论远程教室有多远，教师与学生都可以相互提问、对答；教师还可以组织在不同远程教室的学生进行实时讨论；管理中心也能当即对学生进行指导、帮助，回答提出的问题。

②支撑自主学习。

这是一种非实时的教学，学生可在远程终端上，随时利用数据库（这里指课件库）来进行自学、复习，自我测验，完成家庭作业，加深对教学内容的理解。

③虚拟教学实验。

学生可做系统模型和CAD等实验。

④网上教学管理。

利用数据库实现教学管理：远程教学的课程介绍、课程表、学生手册、成绩档案等，学生可随时查询有关情况；可收集、综合各地远程教室的基本信息，并进行调整、修改、补充。

(3) 适用。

适用于成人教育、职业技术教育、终身教育（图 2－7）。

图 2－7 “远程教育系统”示意图

各种多媒体教学环境虽然配置不同，特点各异，但它们都为教学信息组织的非线性化、信息处理数字化、信息存储光盘化、信息传输网络化、教学过程智能化、学习系统系列化创造了条件。因此，可以这样说："多媒体教学环境"是实现教育现代化的重要手段，也是 21 世纪教育腾飞的基础。

2.2 多媒体教学环境中常用设备的使用

2.2.1 数字投影机的使用

数字投影机又称数字投影仪，是通过数字光处理技术或者 LCD 液晶成像技术将图像或视频投射或反射到屏幕上的设备，可以通过不同的信号源，如计算机、手机、DVD、DV 接入相应的图像和视频信号，实现播放。数字投影仪广泛应用在教育、商务、工程、家用等场所。

1. 遥控器使用

（1）将电池装入遥控器。

a. 取下电池盖：按照箭头指示向后压住倒钩再向上取出电池盖。

b. 装入电池：按遥控器内指示的正负极方向装入投影仪附带的电池。

c. 关闭电池盖：放回电池盖并按照箭头指示将其安装到位。

（2）使用遥控器。

a. 遥控器可对投影机的前后遥控接收窗中的任意一个起作用。

b. 须在前后遥控接收窗距离 3 米、左右 30°的范围内使用遥控器。

c. 使用遥控器时要确保没有妨碍遥控器的输出信号到达遥控接收窗的障碍物。

2. 开启投影仪

（1）确认电源线及数据线已正确连接到投影仪及插座。

（2）打开投影仪电源开关，投影仪进入待机模式，同时“POWER”指示灯呈现橙色。

（3）按下投影仪控制面板或遥控器上的“STANDBY/ON”按钮，投影仪开始预热，“POWER”指示灯开始闪烁，至启动结束后“POWER”指示灯停止闪烁并呈现绿色。

（4）取下镜头盖，开始投射图像。

3. 选择输入信号

（1）使用遥控器进行选择。

a. 当输入信号为电脑设备时，按“RGB”按钮，在“RGB IN 1”和“RGB IN 2”之间切换。

b. 当输入信号为 DVD、数字电影等播放设备时，按“VIDEO”按钮，在“VIDEO IN”“S-VIDEO IN”和“COMPONENT VIDEO”之间切换。

（2）使用投影仪控制面板进行选择。

按控制面板上的“INPUT”按钮，每按一次，将在投影仪各输入信号端口之间进行切换。

4. 关闭投影仪

（1）在投影仪工作状态下，按投影仪控制面板或遥控器上的“STANDBY/ON”按钮，屏幕上将显示“关闭电源吗”约5秒钟。

（2）此时再次按投影仪控制面板或遥控器上的“STANDBY/ON”按钮，投影仪灯泡将熄灭并开始冷却，冷却结束后投影仪进入待机模式，“POWER”指示灯呈现橙色。

（3）确认“POWER”指示灯呈现橙色后，关闭投影仪电源开关。

（4）确认“POWER”指示灯熄灭后，装上镜头盖。

5. 维护空气过滤器

为保证投影仪正常工作，每使用100小时，必须清洁空气过滤器。

（1）关闭投影仪，拔掉电源线。

（2）将空气过滤器卸下进行清理后再重新装上。

（3）启动投影仪，通过菜单操作将过滤器使用时间复位。按“MENU”按钮打开菜单，选择“选项”菜单中的“过滤器使用时间”。

6. 注意事项

（1）尽量使用投影仪原装电缆、电线。

（2）投影仪使用时要远离水或潮湿的地方。

（3）注意防尘，可在咨询专业人员后采取防尘措施。

（4）投影仪使用需远离热源。

（5）注意电源电压的标称值，机器的地线和电源极性。

（6）用户不可自行维修和打开机体，内部电缆零件更换尽量使用原配件。

（7）投影仪不使用时，必须切断电源。

（8）投影仪使用时，如发现异常情况，先拔掉电源。

（9）机器的移动要十分注意，轻拿轻放，运输注意包装、防震。

（10）当投影仪内部温度太高时，电源将自动关闭，指示灯同时熄灭。

请将电源开关关闭，并等待20分钟左右，待投影仪充分冷却后再使用。

(11) 为保护投影仪灯泡，关闭投影仪后勿立刻开启，须等待5~10分钟后再开启使用。

7. 使用中常见问题解答

(1) 投影机出现屏幕颜色与显示器颜色不同?

当投影机出现屏幕颜色与显示器颜色不同时，有可能VGA连接线没接好或内部某颜色的连接线断了，另外有可能是液晶板烧坏。

(2) 投影机投在屏幕上的字符，显示得不完全?

有可能是有些投影机分辨率不够时，字符图形显示不完全，可降低电脑分辨率，看其会不会显示完全，如果不行，则说明三块液晶片中有一块已经烧坏。

(3) 投影机出现暗黄色或色彩不饱满?

如果投影机出现暗黄色或色彩不饱满时，可能是灯泡寿命已到，重新换灯泡。值得注意的一点是在换完后还要重新设置灯泡使用时间，否则新灯泡按老时间计算很容易老化。

(4) 投影机连接笔记本电脑，无输出影像?

笔记本电脑外接显示设备时，通常有四种显示输出控制:

a. 笔记本电脑液晶屏亮，外接显示设备亮

b. 笔记本电脑液晶屏亮，外接显示设备不亮

c. 笔记本电脑液晶屏不亮，外接显示设备亮

d. 笔记本电脑液晶屏不亮，外接显示设备不亮

只需按下笔记本电脑键盘功能键进行切换即可。

(5) 投影机输出图像不稳定，有条纹波动?

投影机电源信号与信号源电源信号不共地。解决方法是将投影机与信号源设备电源线插头插在同一电源接线板上。

(6) 北方低温地区，投影机使用常出现开机故障?

在投影机工作时，环境温度常常被忽略而造成机器的损坏。解决方法

是在从室外拿到室内后，不要马上开机，应在室内放置一段时间再开机。

（7）购买时，投影效果不错，回来使用发现效果很差？

很多时候不是机器的问题。比如：输入源信号信噪比不理想；投影屏幕质量差，直接影响投影画面。解决方法是注意信号源选择。咨询卖方，选择与购买机器相配的屏幕。

（8）投影画面不是4∶3标准比例，出现梯形？

不同投影机镜头投射角度不同，有水平投射，有仰角投射。解决方法是对带梯形校正功能的投影机，可通过调整面板或功能菜单中相关设置；还可调整投影机的机座或支腿调试画面效果。

（9）投影图像出现重影？

大部分的情况是由于连接电缆性能不良所致。解决方法是更换信号线（注意与设备接口的匹配问题）。

2.2.2 电子白板的使用

电子白板的使用，详细方法见安装光盘或者说明书，不同厂家的电子白板，在使用上有很大不同，但大致分为以下几方面。

1. 电子白板安装

一般都支持壁挂或者落地支架安装，说明书里会有介绍，电子白板需要配合投影机、电脑共同使用。

2. 电子白板软件安装

各设备间物理连接完成后，需要在电脑上安装电子白板程序，进行定位校准操作，电子白板就相当于一个大的触摸屏幕了。软件安装很简单，注意安装过程中的阻止项要选择允许，安装好软件后，连接电子白板和点主机，一般都是USB连接的，这时候打开电子白板驱动程序，进行连接，连接成功，进入定位操作，用投影仪把电脑桌面打满电子白板屏幕，按照定位指引点进行操作就可以了（不同厂家定位点不同）。

3. 电子白板操作软件的使用

电子白板有专用的操作软件，可以实现对 PPT 导入、批注、编辑、保存等操作。定位操作完成后，就可以打开电子白板自带的编辑操作软件进行课件等文件的处理了，不同厂商的产品最大的不同在这里。但一般都有很多快捷按键在面板上，很容易上手操作，和 Word 的编辑环境类似。

4. 触屏操作

具体的操作方法需要阅读具体的电子白板型号说明书。电子白板根据感应技术不同，实现触屏操作的方式也不同，电磁需要专用电磁笔进行按压操作，压感无须专用笔直接按压操作，红外等用手指等不透明物体即可实现触屏功能，无须触及板面进行压力感应操作。

5. 注意事项

（1）白板屏幕注意避免划伤，清洁时使用软性布料蘸清水轻轻擦拭。严禁使用酒精类刺激性清洁剂。

（2）禁止使用尖锐物品刻画或敲击白板表面。

（3）禁止除电子笔以外的笔在白板上书写（毛笔、水性笔等）。

（4）远离水源、果汁或化学用品等水质产品对白板的侵蚀。

（5）长时间不使用电子笔时，要把电池卸下来，避免损耗电池电量。

（6）不要经常插拔 USB 线，避免因松动而引起数据传输问题。

（7）避免白板长时间阳光直射，避免长时间受潮。

6. 使用中常见问题解答

（1）电子白板软件上的水印对画面有影响，如何才能去掉电子白板页面上的水印？

电子白板软件上的水印是电子白板厂商为版权保护而设的。当接入电子白板并驱动电子白板，再打开电子白板的软件其水印就会自动消失。

（2）课前进行定位了，下节课接着使用发现定位还是不准，是不是每次使用电子白板都要定位？

一般对电子白板进行定位并保存定位后，只要投影机和电子白板没有搬动，电脑系统和电子白板软件没有重新安装，就不必每次使用都定位。如果我们发现电子白板使用时定位不准，多数情况是因为软件和硬件启动的顺序颠倒了，应当先启动白板硬件，再启动白板软件。

（3）同时打开电子白板软件和其他第三方软件（Word 文档、几何画板、PPT 等），怎样才能用电子白板中的白板笔对第三方软件进行批注？

一般情况下在电子白板的批注状态下才能批注第三方软件。否则，在电子白板页面上白板笔书写的内容只写在白板页面上。这时打开其他软件，第三方软件页面又会把电子白板的工具页板遮盖住，无法点击批注笔，所以熟练使用电子白板工具面板上的切换键非常重要。只有切换到电子白板的批注状态，电子白板的工具面板才会浮在面上，方便批注。

（4）课堂上用电子白板时发现隔了几分钟不动电子白板后，电子白板像是死机了，怎么办？

这不是电脑死机，可以理解为电子白板进入休眠状态，只要我们连续点击主工具面板几次，电子白板就能恢复如常。

（5）用电子白板怎么做课件？

电子白板是一种教学工具，而不是制作课件的工具。但是，电子白板软件有各种工具、资源、动作设定等，也能达到快速、高效、生动、形象，电脑中也积累有丰富的教学资源（图片、视频、动画等）。

（6）基于电子白板的视频播放方式有哪些？

基本方法有两种：一种是直接播放，再用电子白板笔控制和批注；另一种是在电子白板中插入（也有称导入的）。

（7）打开电子白板软件时发现很多功能键在屏幕外，如何解决？

这是由于电脑显示的分辨率不恰当造成的。只要按投影机分辨率设置要求设置即可。

（8）如何判断电子白板（硬件）与电脑是否连接正常？

电子白板左下角的指示蓝色灯不亮或闪动都说明连接不正常。电子白板连接不正常一般是因为USB接口氧化而引起的接触不良，一般只要擦拭一下接头即可。

2.2.3 视频展示台的使用

视频展示台又称实物展示台，把它连接在投影机和电视机上时，就可以将资料、讲义、实物、幻灯片等清晰地展示出来，是多媒体教室不可或缺的教学设备之一。一台普通的视频展示台包括三个部分，即摄像头、光源和台面，在展示台背面还有一系列接口，而一些面向高端市场的展示台还包括红外线遥控器、计算机图像捕捉适配器、液晶显示器等附件。

1. 视音频的连接

有关输入输出的端口：A/V输出端口是用来向投影机或电视机以及音箱等设备输送信号的通道。一般展示台有两路音频视频输入端口，包括S-VIDEO、VIDEO、AUDIO（L/R左右声道），用来接插音像源的视频音频输出信号。A/V输出端口1包括SYNC及RGB格式的视频信号输出；A/V输出端口2是常用的音频视频输出端口，包括S-VIDEO、VIDEO、AUDIO（L/R左右声道）的输出。与A/V输出端口2在同侧的还有一个MIC（麦克风）话筒的输入端口，以及音量调节旋钮。（备注：AUDIO即音频，VIDEO即视频，简写A/V）

2. 视频展示台的开启与关闭

视频展示台的电源开关（POWER（I/O））：当将其打到I状态后，旁边的红色电源指示灯变亮，表明视频展示台正处在加电工作状态。如果打到O状态，表示展示台被关掉，同时电源指示灯熄灭。

3. 选择信号

切换信号按钮（VIDEO IMAGER/A/V1/A/V2）：使用展示台进行实物的投影时，要按下“VIDEO IMAGER”（直译为“视频图像”），这是视频展示台最常用的使用状态。A/V1与A/V2是将从音频/视频输入端子（A/V1

或/A/V2）输入的信号，用户根据需要进行信号切换由展示台输出。

4. 处理灯光

灯光处理转换开关（ARM LIGHT ON/OFF/BACK LIGHT ON）：当该处的开关打到 ARM LIGHT ON 状态载物台上方的灯开始变亮，用以增加载物台上部的灯光。当该开关打到 BACK LIGHT ON 状态时，载物台底部的灯变亮，给展示台上的物体增加底部透视的效果，所以该状态主要用来展示透明的投影胶片等实物。当按钮打到 OFF 状态表示上部与底部的灯光都被关掉。该状态主要针对于展示台周围的灯光已经足够强，没有必要再添加灯光效果时使用的。

5. 图像处理

图像处理的三个按钮：①WHITE BALANCE；②FRAME MEMORY；③NEGA。其中 WHITE BALANCE（直译为“白色平衡”）是展示台正常的使用状态，也是视频展示台的默认状态。FRAME MEMORY（直译为“帧存储”）是视频展示台的一种镜像功能，该功能仅对于投影片或实物投影时有效，它可以对展示台上的实物进行“拍照”并记忆下来，即使这时将实物拿走，其图像仍然可以被放映出来。NEGA 是将展示台上实物的影像进行反色处理（也可以称为“反相功能”）。例如：本应该是白色的经过展示台放映出来的将呈现黑色，其他的颜色也将呈现相应的反色。

6. 捕捉镜头

“万向转动”镜头：这是展示台最重要、最关键的部分，它用来采集拍摄实物的影像。该镜头之所以被称为“万向转动”镜头，是因为它可以任意地转动，使它能对准任何地方或部位。该功能主要是为一些操作演示实验设计的，保证无论演示者在什么地方都可以跟踪捕获到演示过程。在镜头的正面有控制远近（ZOOM）的两个调节按钮 IN（放大或拉近）与 OUT（缩小或推远）。在镜头的顶部有一个镜头转向旋钮，该旋钮主要是配合镜头的“万向转动”而设计的，它可以将镜头捕获的图像进行平面内的任意旋转。

7. 使用液晶显示器

液晶显示器：该设备主要是为展示台的操作者设计的。使用展示台时，由于操作者需要了解在载物台上摆放的实物在大屏幕或大型彩电上的放映效果，通过液晶显示器可以实时地将该信息展示给操作者，以便于操作者进行适当的调整。

8. 其他操作

用图像冻结可以把某瞬间的状态锁定在画面上，以便进行讲解；用同屏对比可以把已锁定的画面与当前输入画面实时比较，达到直观演示、加深印象的目的；当展示照相底片时，请先按一下正负片转到负片显示（否则图像颜色将与实物不符），并用上下灯转到下灯，必要时还可调节画面亮度和色彩，以达到最佳展示效果；在展示物为平面物件（文稿、画页等）时，采用文本模式可获得最佳清晰度和色彩还原效果；如画面色彩有偏差或不符合展示要求，可手工调节画面色彩；如须改变展示方向，可转动摄像头顶部的旋钮。

9. 注意事项

（1）使用视频展示台前要了解视频展示台的性能及安全规则。

（2）使用视频展示台原装附带的电缆和电线连接设备，不要用其他替代电线连接外接设备，否则很容易引起输出画面的质量下降或损坏设备。

（3）将遥控器的发射口及视频展示台主机的遥控器接收口擦拭干净，以避免灰尘影响遥控器的正常工作。

（4）使用过程中，禁止将视频展示台移动或使其震动。

（5）视频展示台从较低的温度环境移到较高的温度环境时，不能立即开机演示操作，因为温差过大容易损坏摄像镜头。

（6）操作有先后顺序，启用时先开电源插座，再开展台后面板电源开关，然后开展台前面板电源开关，关闭时反之，不可颠倒次序。

（7）在开通电源和关闭电源之间，要有一定的时间间隔，不然视频展示台中灯泡和摄像镜头的使用寿命会大受影响。

(8) 不要在展台板上放置液体和过重过热的物品，要保持展台板的清洁和干燥。

10. 使用中常见问题解答

(1) 电源后灯不亮，无图像。

检查电源插座开关是否已开，插座是否接触良好。

(2) 开电源后，上灯能亮，但无图像或图像不稳定。

检查视频线的接法是否正确，视频线的接线端子是否已磨损、掉落。

(3) 图像显示，但其他按键都不起作用，移动展示物图像仍不动。

图像处于冻结状态，再按一次图像冻结键。

(4) 图像同屏对比显示，按视频切换键不起作用，展示物图像仍处于分割状态。

图像处于同屏对比状态，再按一次同屏对比键。

(5) 当切换到某路视频时，声音有串音。

降低相应设备的音量输出。

(6) 图像模糊。

展台此时可能处于手动聚焦状态，按一下聚焦钮，转到自动聚焦即可；也可能是由于环境湿度太大造成摄像镜头“起雾”，应采取措施降低环境湿度。一般开机后半小时内起雾现象会消失；当自动聚焦不清时，可查看近摄镜有否沾有灰尘，如有灰尘请用专用擦镜纸轻轻擦拭干净。

练习与思考

1. 调查你所在学校，了解你的学校有哪几类多媒体教学环境，能开展哪几类模式的教学。

2. 和其他教师一起讨论，在使用多媒体设备时遇到了哪些问题，又是如何解决的。将问题和解决方法汇总成一个清单。

3. 在你所教学科中，电子白板在什么场景下的教学更有效?

专题三

学科资源检索与获取

问题导入

某学校的刘老师下周要给学生们讲授《水的污染和保护》这一课，他已完成了该课题的教学设计，并写好了教案，计划使用多媒体课件给学生们讲授。在制作多媒体课件过程中，刘老师遇到了一些问题：

1. 上网找了几小时，不知道从哪里入手，感觉自己在网上迷路了，找资料变成了浏览新闻，几个小时一无所获。

2. 后来其他教师告诉他，可以从百度找。他尝试使用百度找，的确找到了许多相关资料，可花了一下午时间仅有两幅图片能勉强用到自己的课件中。

3. 在上网找资料的过程中，发现有一个动画正好能用到自己的课件中，但怎么也下载不下来。

4. 之前也讲过类似的课，在电教室的老师帮助下，收集了许多相关资料放到了自己的电脑中，但这次怎么也找不到了。

每位教师在日常教学中，要花大量时间和精力查找所需的多种数字化资源，如成品课件，以及各类素材，如文本、图片、音频、视频、动画等。互联网是一个海量的知识库，不但有和教学直接相关的各类成品课件、多类素材，也有许多和教学无关的信息。互联网的数字资源的质量良莠不齐，既有集科学性、教育性的精美课件，又有许多不符合科学性要求的课件。这就要求我们每一位教师具备一定的技能，慧眼识珠，从浩瀚的互联网知识海洋中，去找寻你所需要的教学资源。另外，教师还需要具备一种管理技术，将所得到的数字化资源有效地管理起来，以备下次使用，从而提高工作效率。

3.1 检索学科数字化资源的常用方法

教师在课程准备和授课过程中，可能会使用到多种数字化资源，如成品课件及各类素材。互联网的教育资源的检索方法有许多种，归纳起来其主要有三种。

3.1.1 利用自建教学资源库检索

许多地区教育主管部门、学校等单位购买相关教学资源库管理软件，自己建立了基于计算机网络的教学资源库。这类教学资源库提供了专门针对教师备课的教学资源，一般质量较高，比较符合当前的教学实际。此类资源库由于版权等问题，一般只提供给一定范围的教师使用，其他教师没有浏览和访问权限。建议大家备课时，如有权限访问这些资源库，优先从这些资源库中检索。由于各类教学资源库开发厂商不同，操作方法各异，大家使用时，请查阅其用户手册或咨询管理员。

3.1.2 利用公共教育资源专题网站检索

国家等教育主管部门主持开发了一些教学资源库（如国家资源公共服务平台等），一些开发者也自己搭建了许多针对某一学科的教学资源网站。这类网站蕴藏着大量的“真金白银”——高质量的教学资源，更符合教学需求，为我们查找需要的教学资源提供了一个最佳的场所。

3.1.3 利用搜索引擎查找

除公共教育资源专题网站外，还有大量的教学资源分散在海量不同的网站中。我们单靠网上冲浪，漫步在互联网知识海洋中，根本无法快速找到所需要的信息。从浩瀚的互联网知识海洋中查找所需要的信息，有一种快捷有效的方法——搜索引擎。互联网公司推出了自己的搜索引擎，如百度（http：//www.baidu.com）、搜狗（http：//www.sogou.com）等，用户只需输入关键词，搜索引擎把相关的网页按相关性排序后显示出来，用户点击相应的链接，就可进入具体的网页了。

3.2 利用公共教育资源专题网站检索

本文精选了部分公共教育资源专题网站，下面对其功能、检索方法作简要介绍。

3.2.1 国家教育资源公共服务平台（http://www.eduyun.cn/）

1. 功能介绍

国家教育资源公共服务平台（图3-1）在提供资源上传、下载服务的基础上，强调以学习空间为核心的资源推送，把不同用户所需要的适当资源送入不同的个人空间，以教师的教学空间应用带动学生、家长和学校的应用，在“宽带网络校校通”的基础上，促进“优质资源班班通”和“网络学习空间人人通”。国家教育资源公共服务平台的开通和不断完善将构建起我国“以公共服务平台为引导，以学校应用为主体，以社会各方共建共享为支撑”的教育资源建设与应用新体系，让优质资源和创新应用惠及人人。

国家教育资源公共服务平台充分依托现有公共基础设施，利用云计算等技术，逐步推动与区域教育资源平台和企业资源服务平台的互联互通，共同服务于各级各类教育，为资源提供者和资源使用者搭建起网络交流、共享和应用环境。在国家教育资源公共服务平台的建设与应用过程中，将逐步探索“企业竞争提供、政府评估准入、学校自主选择”的资源建设新机制，逐步形成政府购买公益服务与市场提供个性化服务相结合的资源共建共享新模式，最大范围、最大限度地开放共享优质教育资源。

图 3－1　国家教育资源公共服务平台首页

（1）提供的服务。

①公益资源服务：中央电教馆、各地电教馆提供的优质免费数字教育资源。

a. 中央电教馆资源

b. 各地电教馆资源

c. 中国教育科学研究院资源

②第三方资源、服务和应用：国内优质的教育服务和应用厂商提供的收费服务。

a. 提供网络备课、同步课堂、在线课堂和电子作业等教学服务

b. 提供名师导学、网络答疑等自主性学习、创新型学习教育服务

c. 提供国内各大知名网校、远程教育机构的名师课程

d. 提供各类教育和学习应用、工具

e. 提供教育出版机构的数字教材、教辅等教育资源

③空间服务：学校、教师、学生、家长实名制空间。

a. 为学校提供模块化、个性化的教育信息化管理

b. 为教师提供便捷的教学平台

c. 为学生提供信息化学习平台

d. 为家长提供家校互动的交流平台

（2）空间服务介绍。

①老师空间服务。

采用实名制注册方式，为一线教师提供了网络备课、在线答疑、在线课堂、同步课堂、网络作业、资源推送等功能。注册成功后，就有了一个自己的空间，如图 3－2 所示。

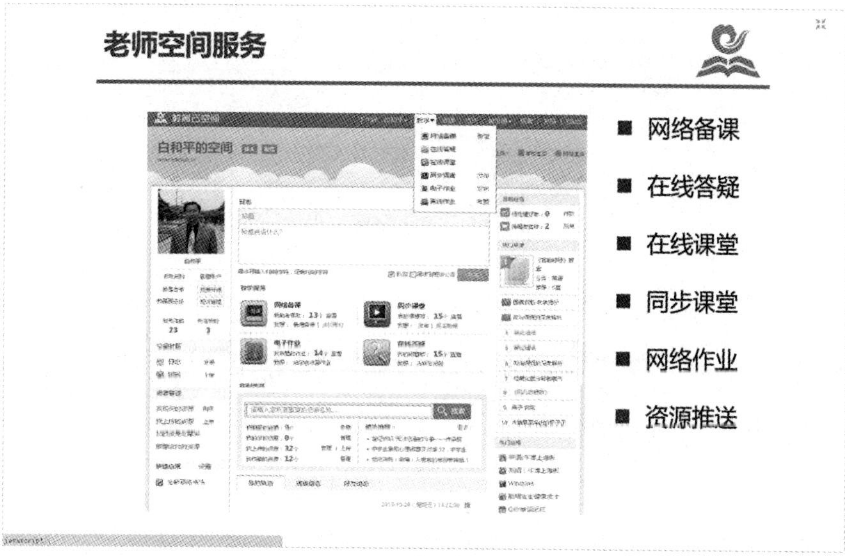

图 3－2 老师空间主页

②学生空间服务。

采用实名制注册方式，为基础教育、职业教育的学生提供资源推送、在线答疑、名师课程、名师导学、电子作业。注册成功后，就有了一个自己的空间，如图 3－3 所示。

③家长空间服务。

采用实名制注册方式，为基础教育的学生家长提供家校互动、孩子作业、课程安排、班级公告、孩子订单、充值服务等服务。注册成功后，就有了一个自己的空间，如图 3－4 所示。

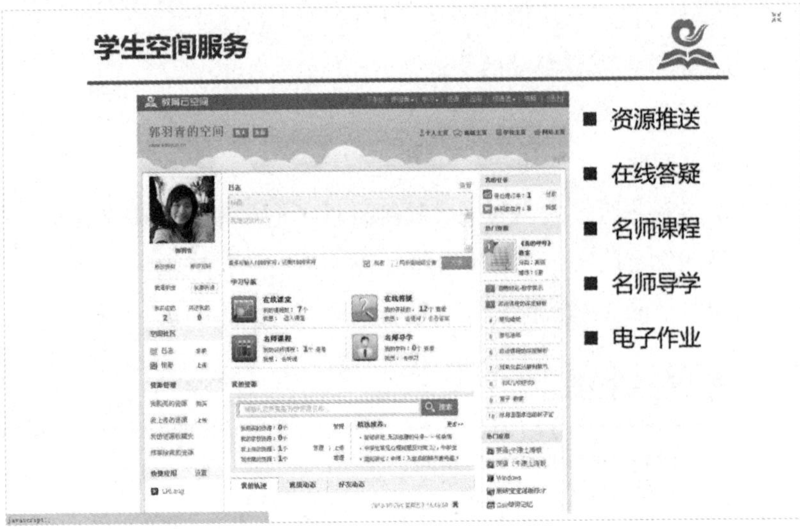

图 3－3　学生空间主页

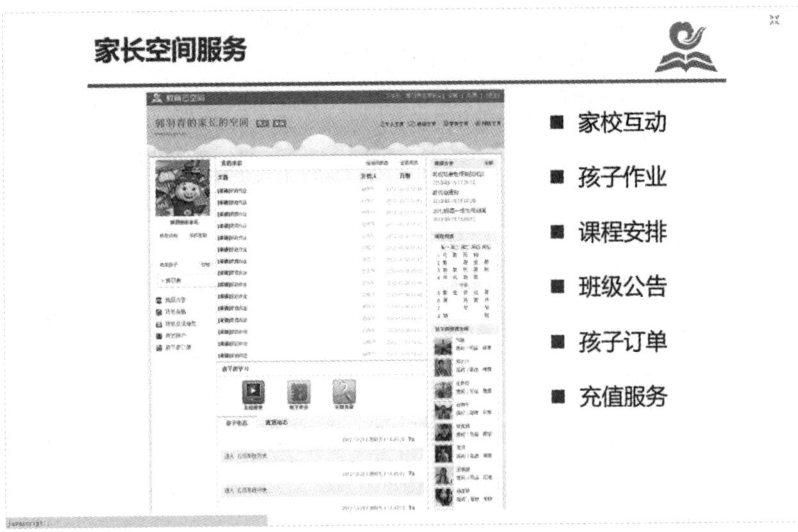

图 3－4　家长空间主页

④机构服务空间。

采用实名制注册方式，为学校等教学机构提供主页、班级管理、学生管理、资源管理、校班通、系统管理等服务。

图 3－5　机构空间主页

2. 资源检索方法

该网站提供了检索入口，检索框在页面的右上角。输入关键词，如“水的污染和保护”，再点击“搜索”按钮，如图 3－6 和图 3－7 所示。

图 3－6　检索入口

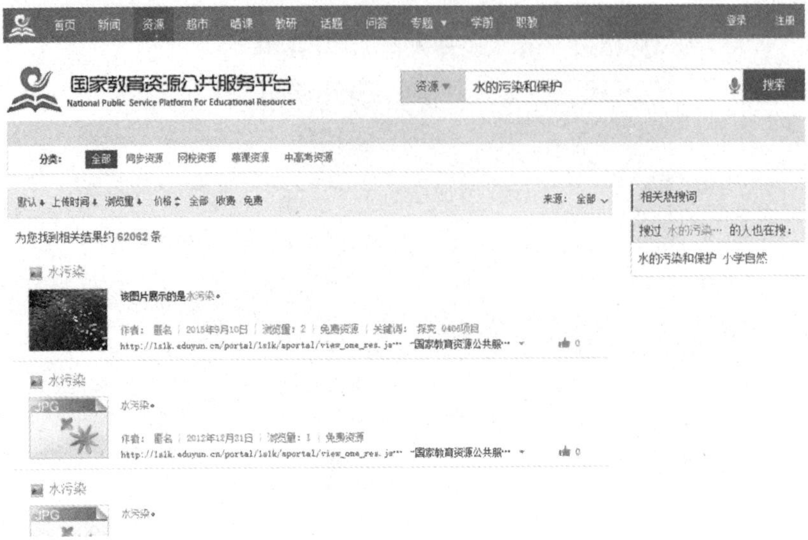

图 3－7　检索列表页面

搜索到的内容可以按上传时间或浏览量降序排列、收费/免费以及按类别（同步资源/网校资源/慕课资源/中高考资源）进行筛选。

在上述例子中，找到的资源共 62062 条，资源较多，需要进一步缩小范围。因为该课程是小学自然课其中的一节课，可以点击“同步资源”→“小学”→“自然”，页面显示找到 84 条信息，如图 3－8 所示。在这些信

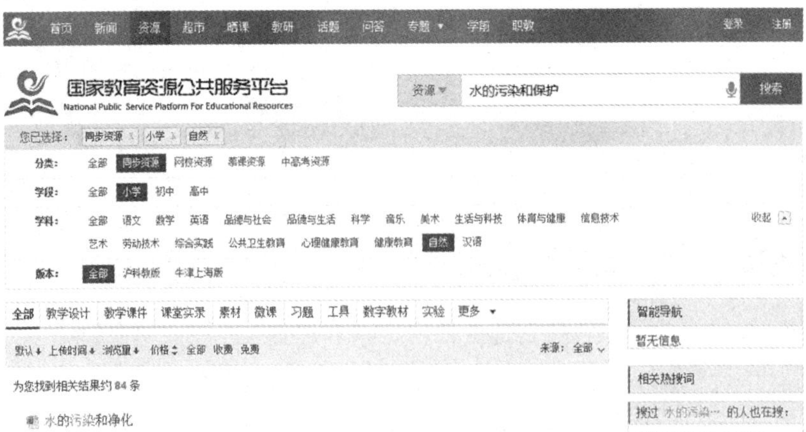

图 3－8　检索结果页面

息中有教学设计、教学课件、课堂实录、素材等。可点击中部的“教学设计”“教学课件”等做进一步的筛选。

如果用户要下载第一个资源，点击其标题“水的污染和净化”，打开该资源的详细页面，如图 3－9 所示。登录后，再点击“下载”按钮，即可将该资源保存到自己的计算机上。

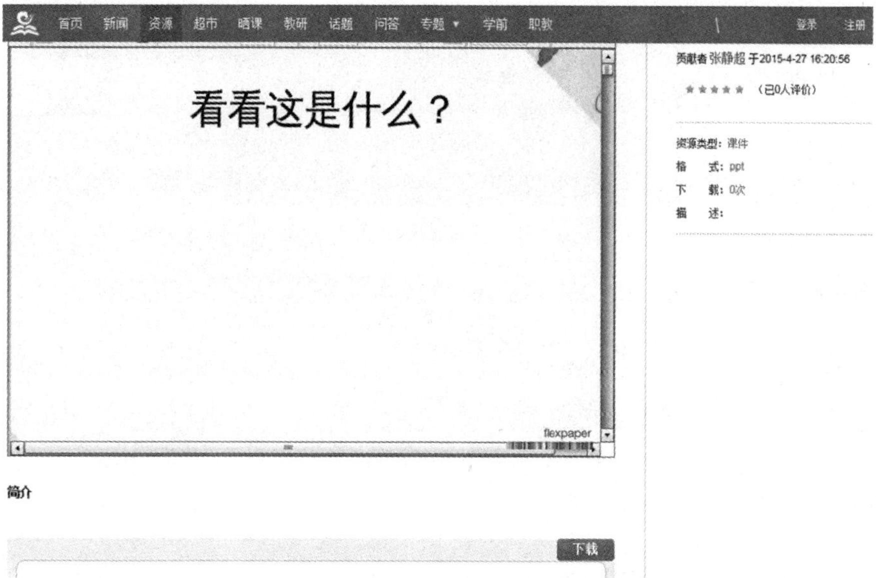

图 3－9　资源详细页面

3.2.2　国家基础教育资源网（http：//www.cbern.com.cn/）

1. 功能介绍

国家基础教育资源网（图 3－10）是由教育部基础教育资源中心、中央电化教育馆维护，提供从小学到高中各学科同步课堂的课件等资源，还提供了少数民族语言学习资源。

图 3－10　国家基础教育资源网首页

2. 浏览资源的方法

你可以通过两种方式浏览资源。

(1) 逐级浏览。

第一种方式为“逐级浏览”：页面上方列出的一系列浏览方式浏览，按照“课标”“教材”“年级”“学科”“媒体”“专题”六种标准，如图 3－11 所示。

图 3－11　浏览方式列表

点击每种浏览方式，都可进入相应的浏览方式页面。页面中页面左侧为分类目录，右侧为资源列表。你可以按照自己的需要，选择浏览。

①按教材浏览。

页面左侧“分类目录”列出了“科目”“版本”“年级”，根据需要选择相应学科、教材版本与年级后，再点击左边章节目录的具体章节。右侧“资源列表”中即可展示出相应的全部资源及其要素的描述。如图3－12所示，点击你想浏览的资源标题，即可查看资源的详细描述，并可下载。

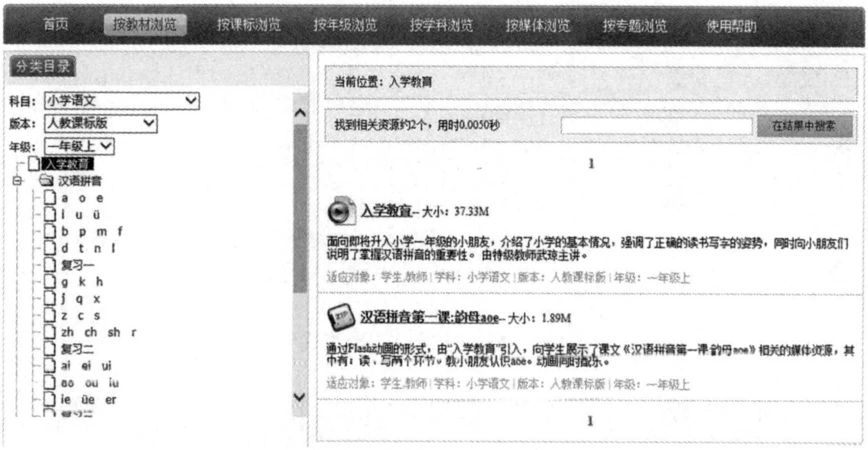

图3－12　按教材浏览页面

②按课标浏览。

页面左侧“分类目录”列出了全部课标规定的单元学习内容或知识点，采用逐层递进的结构。可点击“学科—学段”前边小加号+依次展开，点击所需。右侧“资源列表”中即可展示出相应的全部资源及其描述。如图3－13所示，点击选中的资源标题，即可查看资源的详细描述，并可下载。

③按年级浏览。

页面左侧“分类目录”列出了“学前”“小学”“初中”“高中”，根据需要点击学段前小加号展开，选择相应年级。右侧“资源列表”中即可展示出相应的全部资源及其要素的描述记录。如图3－14所示，点击选中的资源标题，即可查看资源的详细描述，并可下载。

图 3－13　按课标浏览页面

图 3－14　按年级浏览页面

④按学科浏览。

页面左侧“分类目录”列出了各学科，根据需要，点击展开学习领域，选择相应主题或目标要素后，右侧“资源列表”中即可展示出相应的全部资源及其要素的描述记录。点击选中的资源标题，即可查看资源的详细描述，并可下载。

⑤按媒体浏览。

页面左侧“分类目录”列出了各种媒体类型，根据需要选择相应媒体和文件格式后，右侧“资源列表”中即可展示出相应的全部资源及其要素的描述记录。点击选中的资源标题，即可查看资源的详细描述，并可下载。

⑥按专题浏览。

页面左侧“分类目录”列出的都是在教育教学中专门研究或讨论的题目，你可以利用这些资源对学生开展与加强思想品德、卫生、法制、安全、环保等教育。根据需要选择相应专题后，右侧“资源列表”中即可展示出相应的全部资源及其要素的描述记录。点击选中的资源标题，即可查看资源的详细描述，并可下载。

（2）快捷浏览。

第二种方式为“快捷浏览”：如图 3－15 所示，网站首页中间有一个进入相应学科、教材版本、年级的快捷方式。

可以点击上方不同学科切换。同时可以直接点击相应学科教材版本的年级，如点击语文→人教版→1 年级上，即可进入按课标浏览→学科：语文→教材版本：人教课标版→年级：1 年级上页面，如图 3－16 所示。

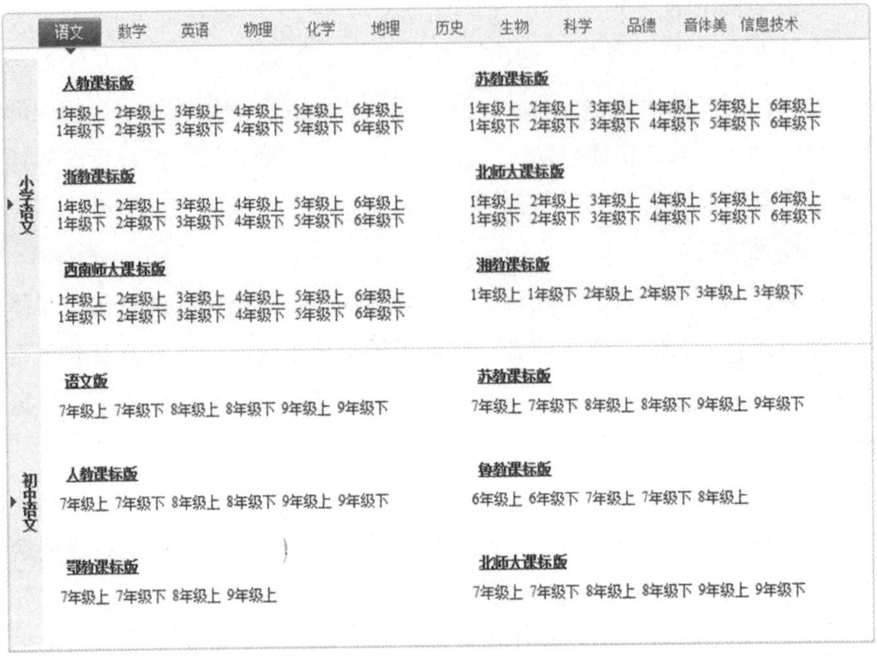

图 3－15　首页部分内容页面

图 3－16　资源浏览页面

在左侧“分类目录”选择相应章节，右边“资源列表”即可显示相应资源。

3. 搜索资源的方法

（1）怎样输入检索词。

网站页面上方列出了一空白检索框，在框内输入检索词，点击“搜索”按钮，即可实现查找资源的功能。例如，在框内输入“古诗”一词，点击“搜索”按钮，即可列出全部相关资源，如图 3－17 所示。

图 3－17 检索入口

（2）怎样查得更准。

查找资源的准确率与选用关键词的技巧密不可分。在搜索框里输入的关键词越多，搜索的条件越多，限定的搜索范围越精确，查找出的资源就越符合你的实际需要。因此为了提高查准率，你可以在搜索框中输入多个关键词（中间隔以空格），如“语文小学 识字 教案”，点击“搜索”按钮，获得搜索结果。

也可以在第一次搜索结果的页面中，继续在搜索框里输入关键词，然后点击“在结果中搜索”，从而使查询结果更精准，如图 3－18 所示。

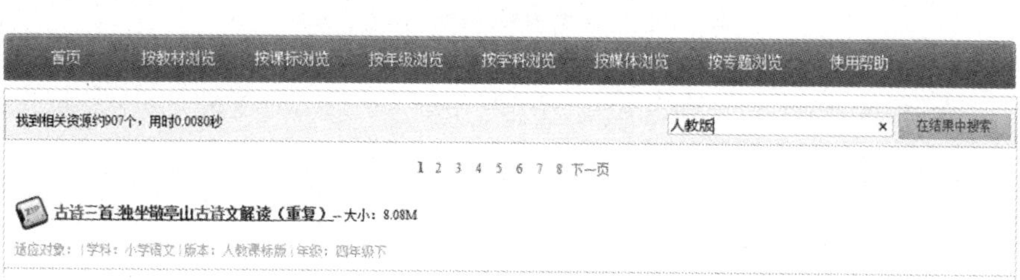

图 3－18 分类检索入口

3.2.3 孩子国幼儿园资源库（http：//36. jiating. org. cn/）

1. 功能介绍

孩子国幼儿园资源库网站是由启步教育开发的针对幼儿园教育资源的专题网站，并提供课件、图片、视频、教案、绘本、音频、文本、公开课多种类型的教学资源。

图 3－19 孩子国幼儿园资源库网首页

2. 检索方法

先选择一种资源类型：课件、图片、视频、教案、绘本、音频、文本、公开课，如图片；然后在搜索框内输入关键词，如“交通工具”，最后点击“搜索”按钮，如图 3－20 所示。

图 3－20　资源检索结果页面

3.3　搜索引擎检索

搜索引擎的基本原理是利用一个“爬虫”程序自动访问 Web 站点，并提取站点上的网页，再根据网页中的链接进一步提取其他网页。“爬虫”程序将搜集到的网页加入到搜索引擎自己的数据库中，供用户检索使用。然后在用户录入关键字后进行检索，检索结果中一并附以摘要。许多商业公司都推出了自己的搜索引擎，如百度（http：//www. baidu. com/）、360 搜索（http：//www. so. com/）、雅虎（http：//cn. yahoo. com/）、天网搜索（http：//e. pku. edu. cn/）、搜狗（https：//www. sogou. com/）。下面就以百度搜索引擎为例，介绍其使用技巧，如图 3－21 所示。

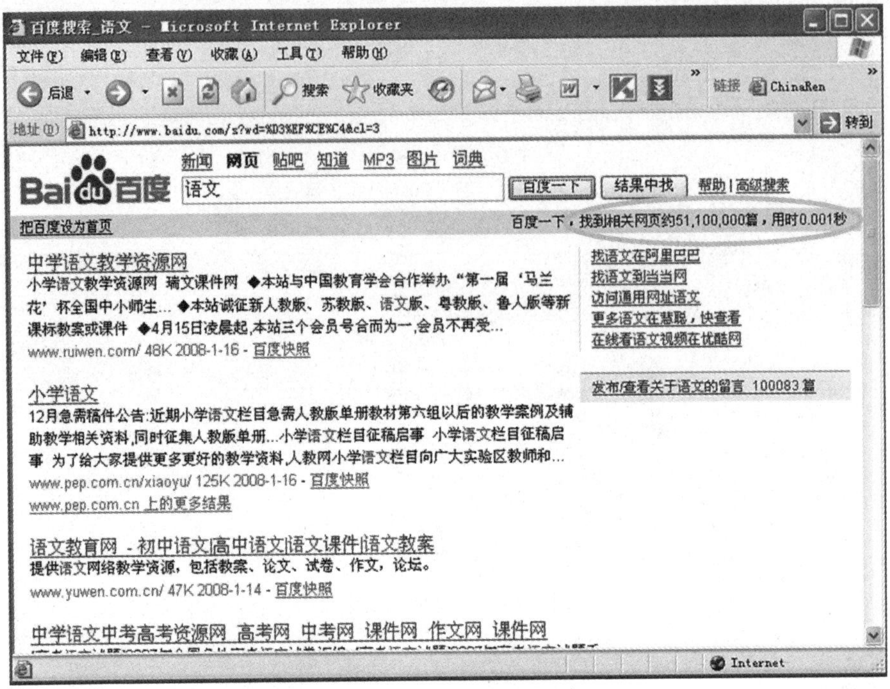

图 3-21 百度搜索结果页面

3.3.1 怎样成为搜索高手——选择适当的查询词

查询关键字的选择十分重要，选择最具代表性的词能有效地过滤掉不相关网页，快速找到合适的网页。关键字就是输入搜索框中的文字，也就是你希望在搜索网站中要寻找的东西。关键字的选择应遵循以下几个基本原则。

1. 表述准确

百度会严格按照你提交的查询词去搜索，因此，查询词表述准确是获得良好搜索结果的必要前提。

2. 查询词的主题关联与简练

目前的搜索引擎并不能很好地处理自然语言。因此，在提交搜索请求时，最好把自己的想法提炼成简单的且与希望找到的信息内容主题关联的查询词。

3. 根据网页特征选择查询词

很多类型的网页都有某种相似的特征。例如小说网页，通常都有一个目录页，小说名称一般出现在网页标题中，而页面上通常有“目录”两个字，点击页面上的链接，就进入具体的章节页，章节页的标题是小说章节名称；再如软件下载页，通常软件名称在网页标题中，网页正文有下载链接，并且会出现“下载”这个词，等等。

3.3.2 如何利用关键字进行搜索

据统计，目前网上各种各样的搜索引擎及信息检索工具达数千个之多，但是就使用方法而言，大致分为两类：按“关键字搜索”和“分类查询”。

1. 关键字搜索

（1）单关键字搜索。

这种搜索方法是直接输入要查找的关键字，搜索引擎按指定关键字进行搜索操作，并返回指向包含指定关键字 Web 页面的超链接地址。

例如，若要搜索有关“语文”的信息，则直接输入“语文”即可，如图 3－22 和图 3－23 所示。也可以在此基础上细化，如输入“中学语文”，则过滤掉中学语文外的信息，如图 3－24 和图 3－25 所示。关键字加“”表示精确查询，只包含“”内的信息出现。

图 3－22　百度搜索“语文”起始页面

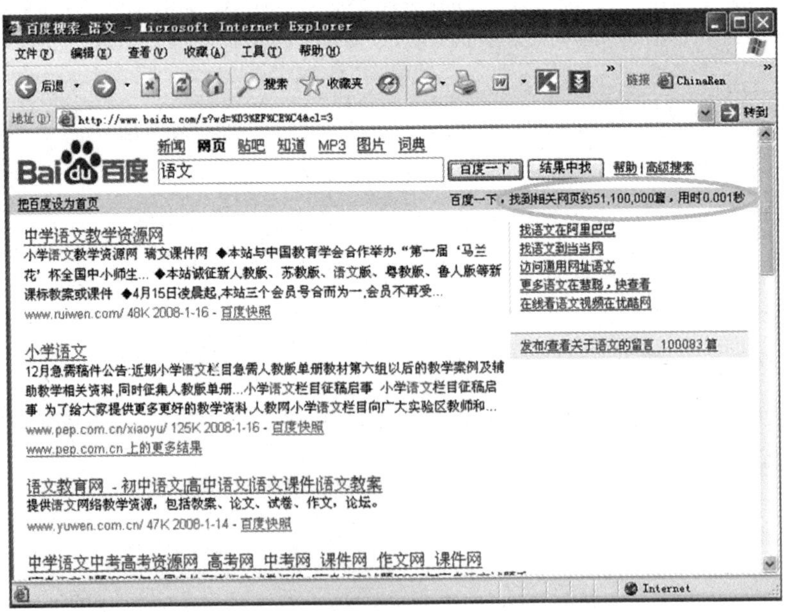

图 3－23　百度搜索“语文”结果页面

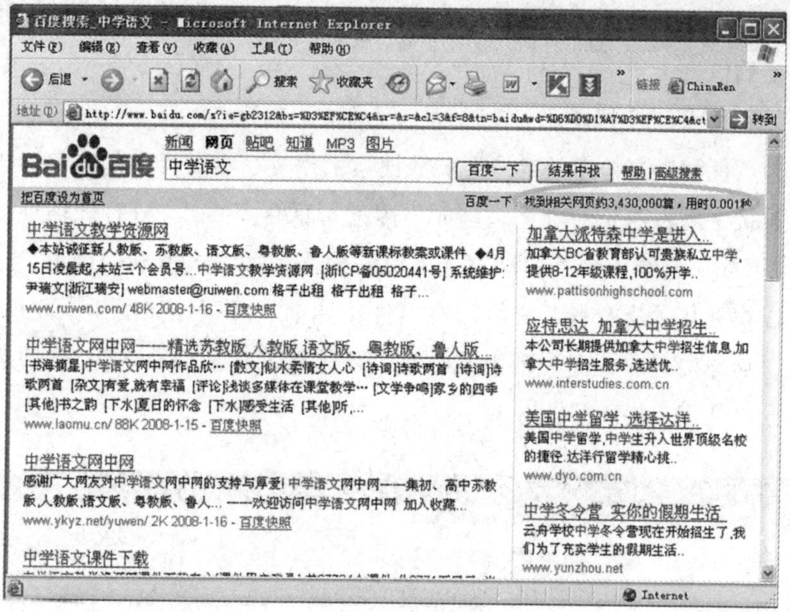

图 3-24 百度搜索“中学语文”结果页面

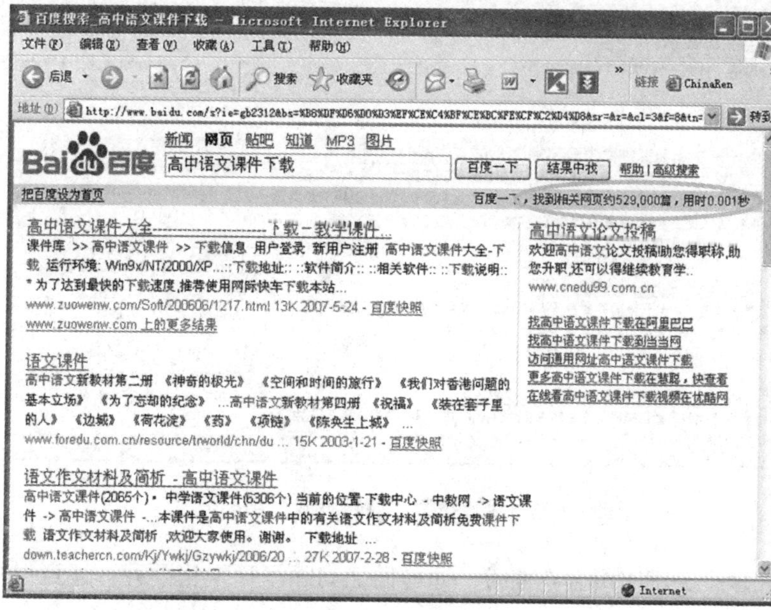

图 3-25 百度搜索“高中语文课件下载”结果页面

从上述几个检索结果来看，关键词越具体越好，这样有助于快速找到你需要的信息。

（2）多关键字搜索。

为了能够提高检索效果，大多数搜索引擎支持多关键字的查询，以及多个关键字逻辑组合的查询。例如，搜索“课件下载”，只有严格地含有“课件下载”连续4个字的网页才能被找出来，如变成搜索“课件 下载”则可以找到几万篇资料，资料的准确性也比前者增强，如图3－26所示。因此，当你要查的关键词较为冗长时，建议将它拆成几个关键词来搜索，词与词之间用空格隔开。

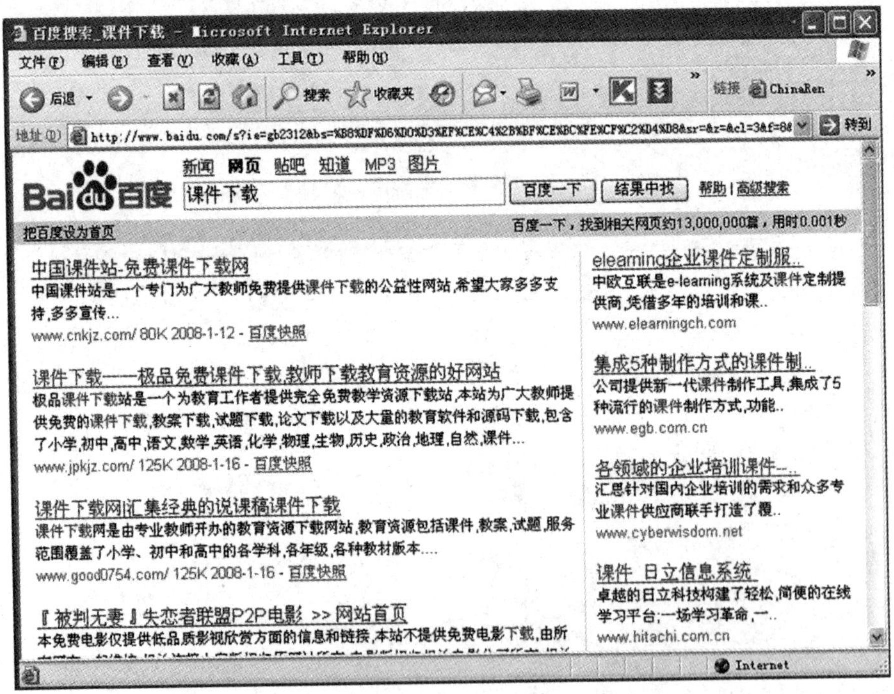

图3－26　百度搜索“课件下载”结果页面

在多个关键字组合查询时，词与词之间除了用空格隔开，还可以用一些特定的符号隔开，来表示特定的查询条件。（以“百度”为例）

①“+”号（可以用空格替代）。

用于强调页面中必须包含某关键字。例如，我们在搜索框中输入“课件下载+高中语文”则表示查询结果中必须出现“高中语文”，如图3-27所示。

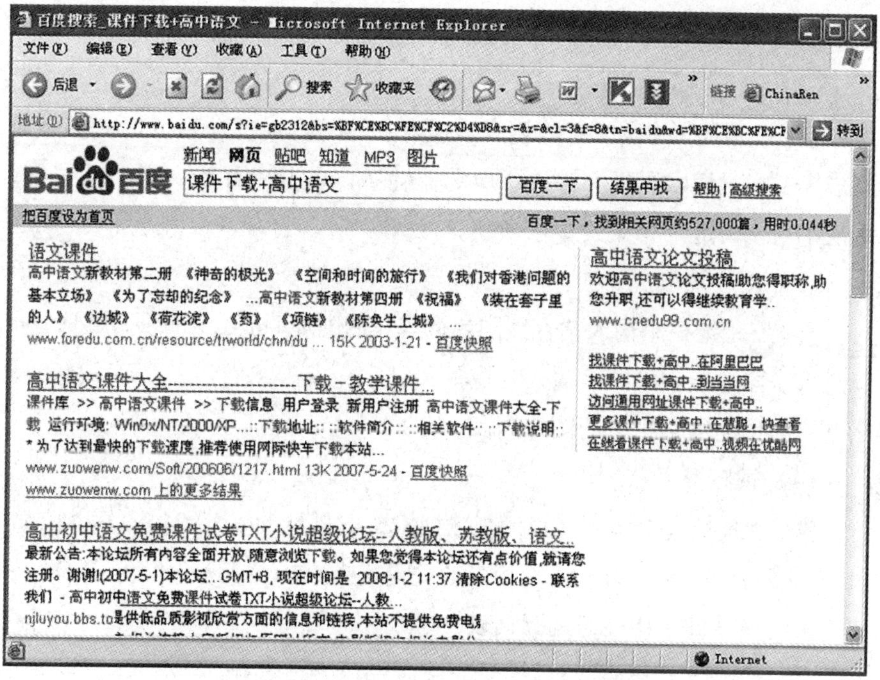

图3-27 百度搜索“课件下载+高中语文”结果页面

②“-”号。

用于有目的地删除某些无关网页，例如，要搜寻关于“武侠小说”，但不含“金庸”的资料，可使用如下查询：武侠小说-金庸。

注：减号之前必须留一空格，语法是“A -B”。

③“|”号。

在百度中，可以使用“A|B”来搜索或者包含关键词A，或者包含关键词B的网页。例如：你要查询“图片”或“写真”相关资料，无须分两次查询，只要输入“图片|写真”搜索即可，也可在两者之间加一空格。

2. 按类别搜索

(1) 新闻搜索。

直接在地址栏中输入“百度新闻搜索”的网址 http://news.baidu.com，就进入了新闻搜索页面。输入相应的关键字，点击“百度一下”按钮，就出现了与该关键字相关的新闻列表。

(2) 音乐搜索。

直接在地址栏中输入“百度音乐搜索”的网址 http://music.baidu.com，就进入了音乐搜索页面。输入相应的关键字，点击“百度一下”按钮，就出现了与该关键字相关的音乐列表。

(3) 图片搜索。

直接在地址栏中输入“百度图片搜索”的网址 http://image.baidu.com，就进入了图片搜索页面。输入相应的关键字，点击“百度一下”按钮，就出现了与该关键字相关的图片列表。

(4) 视频搜索。

直接在地址栏中输入“百度视频搜索”的网址 http://video.baidu.com，就进入了视频搜索页面。输入相应的关键字，点击“百度一下”按钮，就出现了与该关键字相关的视频列表。

(5) 专业文档搜索。

直接在地址栏中输入“百度文档搜索”的网址 http://file.baidu.com，就进入了文档搜索页面。

先选择限定查找的文件类型（如 DOC、PPT 等），再输入关键词，点击搜索。

也可以直接在百度首页输入如下格式的字符串：

搜索关键词　filetype：文档类型

“filetype:”后可以跟以下文件格式：DOC、XLS、PPT、PDF、RTF、ALL。其中，ALL 表示搜索所有这些文件类型。例如：计算机网络课件 filetype：PPT

3.3.3 特殊信息搜索

1. 计算器和度量衡转换

百度网页搜索内嵌的计算器功能，能快速高效地解决你的计算需求。看一下这个复杂计算式的结果：log（（sin（5））^2）-3+pi

在百度的搜索框中，你也可以做度量衡转换。格式如下：换算数量换算前单位=？换算后单位。例如：-5 摄氏度=____华氏度

2. 股票、列车时刻表和飞机航班查询

在百度搜索框中输入股票代码、列车车次或者飞机航班号，你就能直接获得相关信息。例如，输入深发展的股票代码“000001”。

3. 天气查询

在百度搜索框中输入你要查询的城市名称加上“天气”这个词，就能获得该城市当天的天气情况。例如，搜索“北京天气”。

3.3.4 使用快照

百度快照是百度网站最具魅力和实用价值的好工具。大家在上网的时候肯定都遇到过“该页无法显示”（找不到网页的错误信息），至于网页打开速度缓慢，要十几秒甚至几十秒才能打开更是家常便饭。出现这种情况的原因很多，比如：网站服务器暂时中断或堵塞、网站已经更改链接等。无法登录网站的确是一个令人十分头痛的问题。百度快照能为你很好地解决这个问题。

百度搜索引擎已先预览各网站，拍下网页的快照，为用户储存大量应急网页。百度快照功能是在百度的服务器上保存了几乎所有网站的大部分页面，使你在不能链接所需网站时，百度为你暂存的网页也可救急。而且通过百度快照寻找资料要比常规链接的速度快得多。因为：

（1）百度快照的服务稳定，下载速度极快，你不会再受死链接或网络

堵塞的影响。

(2) 在快照中，你的关键词均已用不同颜色在网页中标明，一目了然。

(3) 点击快照中的关键词，还可以直接跳到它在文中首次出现的位置，使你浏览网页更方便，如图 3 – 28 所示。

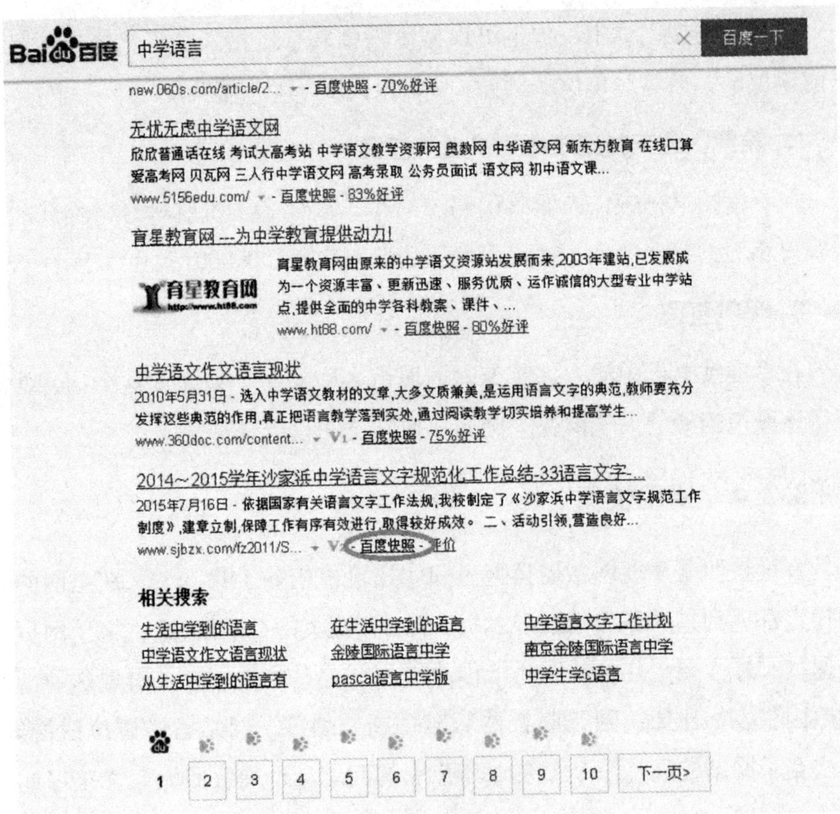

图 3 – 28　检索结果页

用户点击该资源条目下方的“百度快照”，就可以进入到相应的快照页面，快照页面的上方有“百度快照”的标识，并指明这是什么时间的快照；在其下方把快照的页面显示出来，并把关键字的背景使用黄色标识，以便于用户快速找到该关键字，如图 3 – 29 所示。

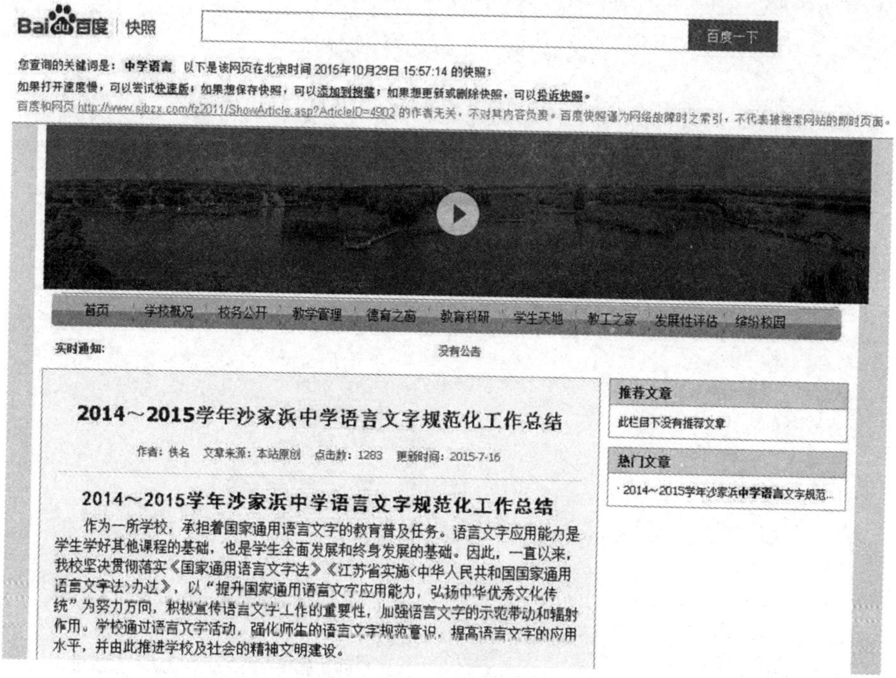

图 3－29 百度快照页面

3.4 资源下载

资源下载的方法有许多，大体上可以分为两类：第一类，使用 IE 等浏览器直接下载；第二类，除使用浏览器外，还要借助于其他工具软件或使用其他方法，才能将找到的资源下载到本地计算机。

3.4.1 使用 IE 下载

1. 文本的下载

打开网页后，使用鼠标拖曳的方式选择要下载的文字，点击鼠标右键选择“复制”，打开 Word 或记事本，再点击菜单栏上的“粘贴”或使用快捷键“Ctrl + V”，如图 3 - 30 所示。

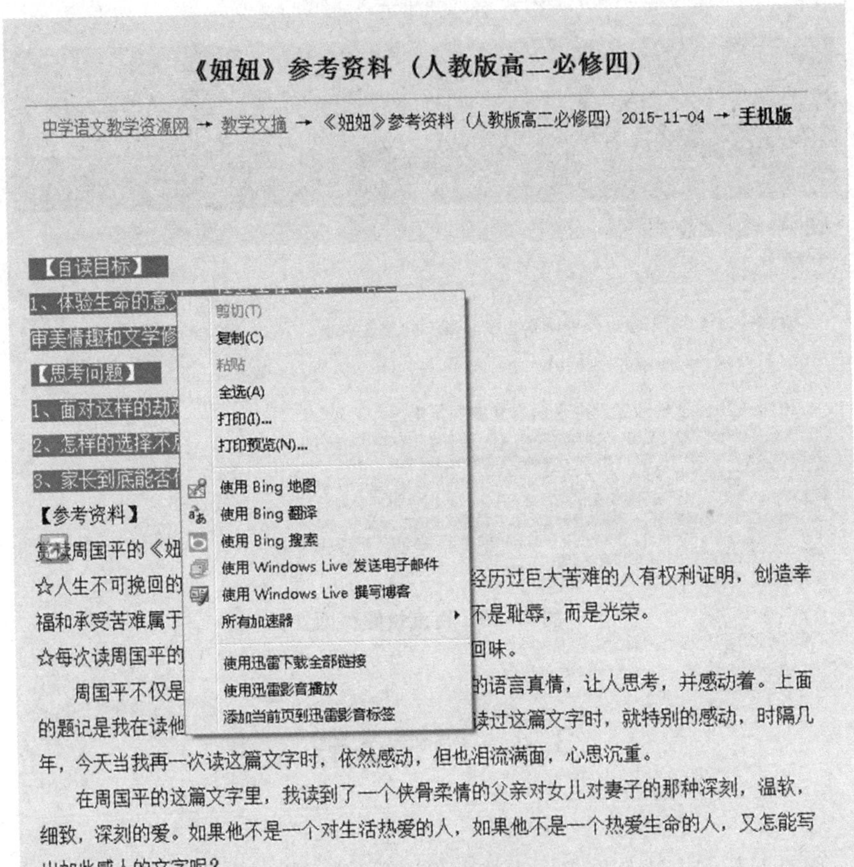

图 3 - 30　文字复制例子

如果整个网页都是你需要的内容，点击菜单栏上的“页面”，再点击下拉菜单中“另存为”，系统弹出“保存网页”对话框，输入文件名，保存类型选择“Web 档案，单个文件”，点击“确定”，这样就产生了一个扩展名为 . mht 的文件，如图 3 - 31 所示。

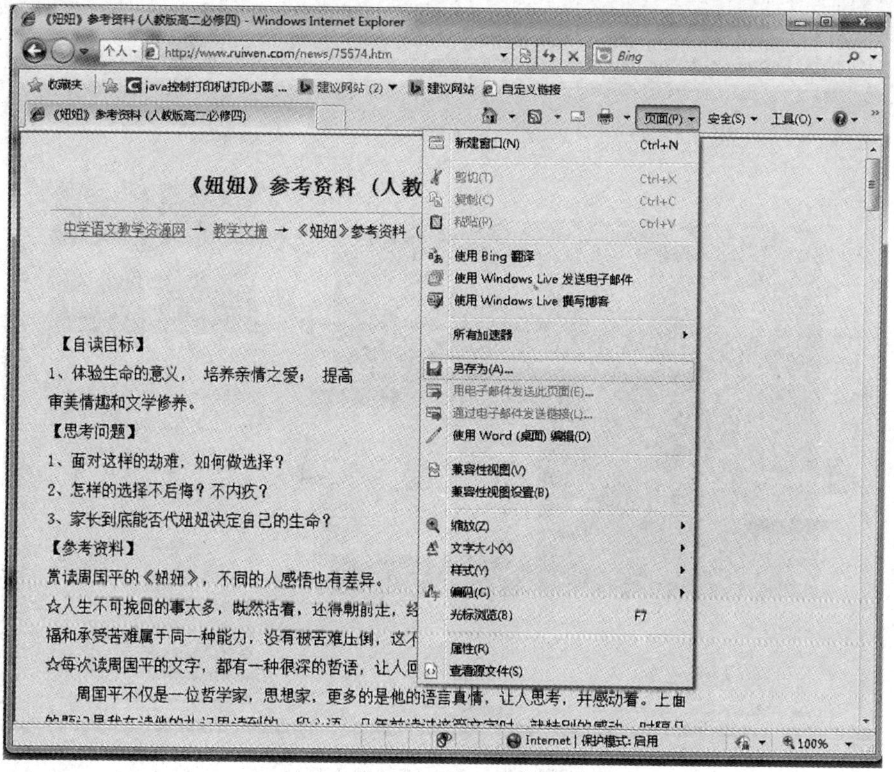

图 3－31　保存整个网页的例子

2. 图片的下载

在要下载的图片上点击鼠标右键，在弹出的下拉菜单中选择“图片另存为”，弹出保存文件对话框，输入文件名就可保存到本地计算机，如图 3－32 所示。

图 3-32　图片下载的例子

3.4.2　使用下载工具和下载技巧

1. 图片不允许另存，或截取网页中的一部分

例如百度文库中的图片是不允许直接下载的。以 Windows 7 操作系统为例，可使用系统自带的截图工具，如图 3-33 和图 3-34 所示。

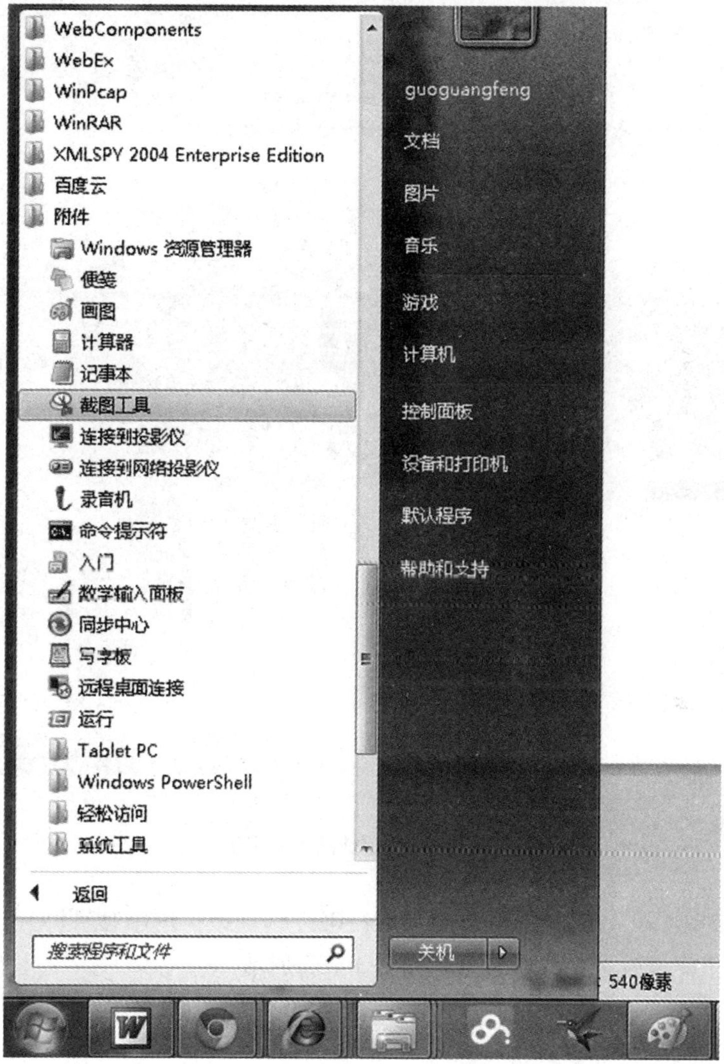
WebComponents
WebEx
WinPcap
WinRAR
XMLSPY 2004 Enterprise Edition
百度云
附件
Windows 资源管理器
便笺
画图
计算器
记事本
截图工具
连接到投影仪
连接到网络投影仪
录音机
命令提示符
入门
数学输入面板
同步中心
写字板
远程桌面连接
运行
Tablet PC
Windows PowerShell
轻松访问
系统工具
返回
搜索程序和文件
guoguangfeng
文档
图片
音乐
游戏
计算机
控制面板
设备和打印机
默认程序
帮助和支持
关机
540像素

图 3－33　系统菜单

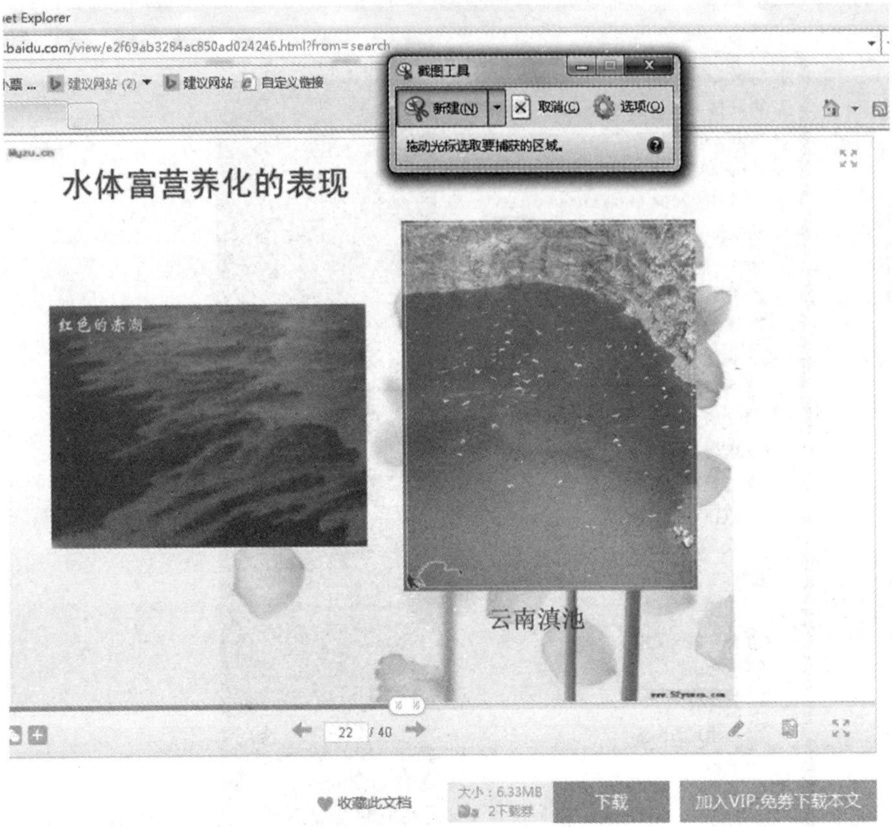

图 3-34　使用截图工具例子

拖动鼠标，将需要的图片圈起来，图片就自动在截图软件的界面中显示出来了，最后点击保存即可，如图 3-35 所示。

图 3-35 截图软件界面

2. Flash 动画下载

网页中的 Flash 动画无法直接另存。因为我们浏览网页时，系统会自动将图片、Flash 动画等保存在计算机的临时文件夹中，所以我们可以从网页文件的临时文件夹中找到刚浏览的 Flash 动画。

打开 IE 属性，点击“设置”按钮，在设置对话框里再点击“查看文件”按钮，便打开了 IE 缓存文件夹，里面有刚才浏览的网页里面的文件，如图 3-36 所示。

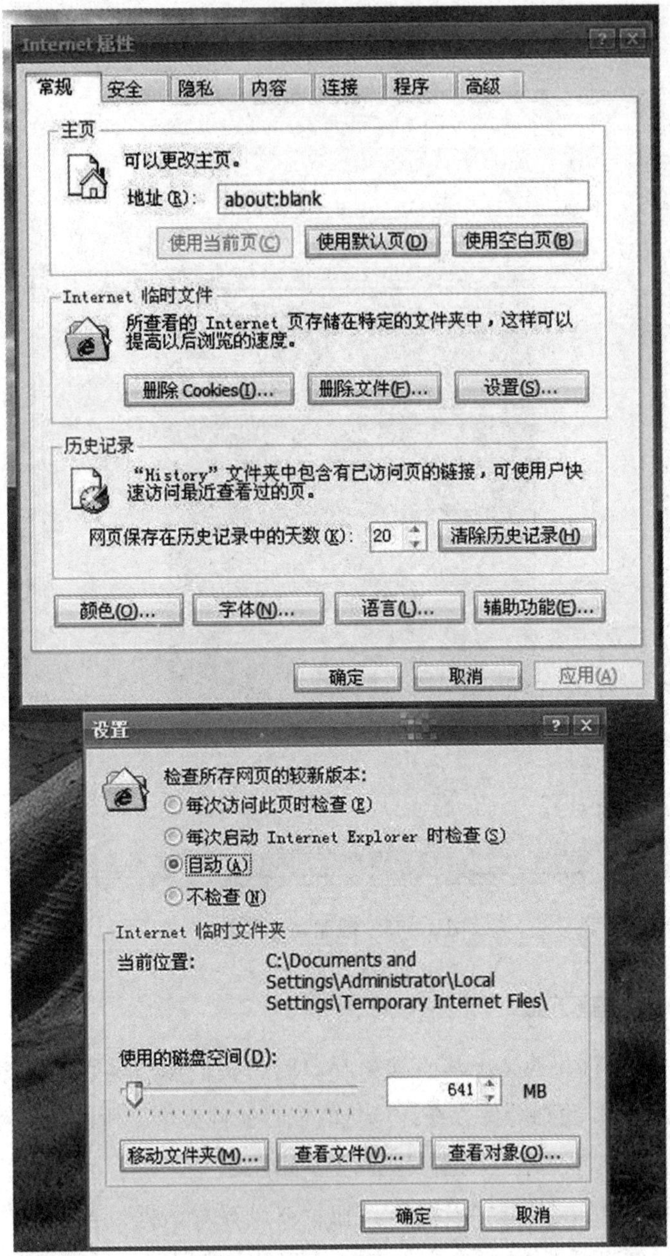

图 3－36　查找浏览的网页里面的文件

然后在里面找到刚看过的 Flash 视频，复制到桌面或者其他地方就可以打开了。Flash 文件一般是 swf 类型的文件，可以按照上次访问时间排序、按照大小排序、按照文件类型排序的方法，快速找到需要的文件。

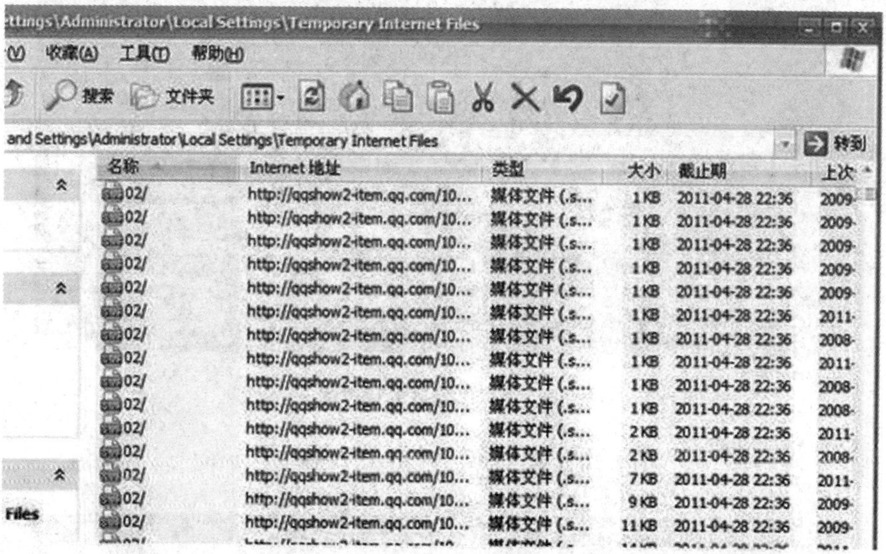

图 3－37　浏览的网页里面的文件

在文件上点击右键，打开文件的属性。在属性面板中，最上面的地址就是该文件的地址，如果需要引用到其他地方，就可以用这里的地址作为链接。

3. 视频下载

目前大型的视频网站有很多，有优酷网、爱奇艺网、搜狐视频、PPTV 视频等。以搜狐视频网站的视频下载方式为例，我们学习视频的下载方法。具体步骤如下：

（1）安装视频下载软件（针对不同软件可以安装不同视频下载软件）搜狐影音。打开软件，如图 3－38 所示。

图 3－38　搜狐影音界面

（2）点击左上角下拉箭头，选择“设置”命令，如图 3－39 所示。

图 3－39　选择设置界面

对下载视频进行下载设置，如：存储路径，如图 3－40 所示。

图 3－40 下载设置界面

（3）在文本搜索框中输入“草原风光”并搜索，如图 3－41 所示。打开所需视频，点击右键，在菜单中点击“下载当前视频”命令，如图 3－42 所示。

图 3－41 搜索所需视频界面

图 3 – 42　下载视频

3.5　资源管理

随着时间的推移，积累的素材、资料会越来越多，为了日后查找使用方便，对下载的资源要做好管理工作。创建一个结构合理、层次清晰的文件夹则是一种比较好的方法，图 3 – 43 就是一个学科教师所建的资源管理目录，供大家参考。

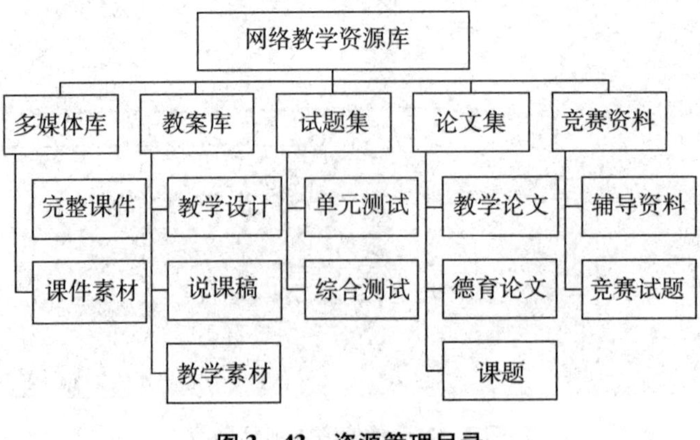

图 3 – 43　资源管理目录

这样，当在网络上发现一个比较好的素材或其他资源时，或者设计了一份教案、编写了一套试题或写了一篇论文时，就可将之以紧扣内容主题的文件名来命名，分门别类地放入相应的文件夹中。

练习与思考

1. 与相同学科的教师一起讨论一下，在日常教学中，发现了哪些好的资源网站，它们能提供哪些学科资源。

2. 同其他教师讨论一下，你们在使用搜索引擎中，遇到了哪些问题，又是如何解决的。

3. 选择你所教学科的某节课，检索和下载该节课的课件和素材，并总结你使用了哪些方法，这些方法的效率如何。

4. 对你所使用的计算机进行一次系统整理，调整文件夹结构，整理归类各种信息化资源文件。

专题四

素材的处理与加工

问题导入

刘老师已收集了部分多媒体素材，正要着手制作“水的污染和保护”多媒体课件，但刘老师发现还有以下问题没有解决：

1. 找了几个视频，有的能插入 PPT 中，有的不能插入 PPT 中，不知这是为什么？

2. 要写一个教案，要录入许多文字，靠键盘录入费时费力，有其他好的方法吗？

3. 从网上找到几张图片，需要处理才能用到课件中，有哪些工具可以处理图片素材？

4. 找到了相应的音频文件，可是不知什么原因，在 PowerPoint 2003 中无法插入该音频。另外只需要音频文件中的一部分片段，有哪些工具可以截取？

5. 找到了相应的视频文件，和音频一样，也遇到了“无法插入”和“截取片段”的问题，该如何解决？

6. 没有找到合适的动画，需要自己制作，应使用什么软件来完成？

本专题将解决上述问题！

从互联网下载的数字资源的质量良莠不齐，这就需要我们对其认真筛选，而且根据教学设计方案，对收集到的素材做进一步的处理才能用到我们的课件中。不同种类的素材，不同处理要求，需要我们根据实际需要选择不同的处理工具软件。如使用 Word 软件处理文字素材；使用 iSee 软件批量处理图片素材；使用 WaveCN 软件截取音频片段；使用格式工厂软件实现视频格式转换；使用 Flash 软件制作动画等。

4.1 素材的文件格式

信息化资源中的多媒体，不管是何种类型，都要存储在计算机中。要存储在计算机中，必然以某种文件格式存储，那么不同素材有哪些格式呢？每个素材在计算机上都有一个文件名称，文件名称由两部分组成，即“文件名．扩展名”。如“计算机．doc”，前面的“计算机”为文件名，是区别于其他文件的名字；后面的“doc”为扩展名，表示文件的格式。依据文件的扩展名，计算机就知道用何种程序打开或使用它。

4.1.1 文本素材的常用格式

1. TXT 格式

TXT 文件是由 Windows 系统自带的“记事本”软件创建的；只能保存文本，不能保存图片等，也不能保存文本的格式（如字号、颜色）。

2. DOC 格式

DOC 文件是由微软公司的 Office 套件之一的 Word 软件创建的，提供丰富的排版功能；支持文字和图像混合排版，教师一般用其编写电子教案、制作评价量表等。Microsoft Office 2007 之后版本采用了新的默认格式，即 DOCX，其采用了新的基于 XML 的压缩文件格式。Microsoft Office 2007 之后版本仍可以打开 DOC 文件。

3. RTF 格式

RTF 文件是由 Windows 系统自带的“写字板”软件创建的，它比“记事本”软件功能强大，相当于 Word 软件的简化版；RTF 文件支持带格式的文字和图片。

4. WPS 格式

WPS 文件是由金山软件公司的 WPS 办公套件创建的，其功能和 Word 软件相似。和 DOC 文件相似，可以支持文字和图像混合排版。

4.1.2 图片素材的常用格式

图片类型的素材包括图形和图像两种。图形是指由外部轮廓线条构成的矢量图。其优点是文件比较小，任意缩放不会产生变形；其缺点是不能呈现色彩丰富的对象。图像是由扫描仪、数字相机等输入设备而产生的数字图像，由像素点阵构成。其优点是色彩丰富，可以呈现真实的生活环境；其缺点是文件比较大，在缩放过程中容易造成变形或产生锯齿，尤其是放大时会产生大的色块。

1. BMP 格式

BMP 是一种图像文件格式，可由 Windows 自带的“画图”软件创建，一般文件较大。

2. JPG 格式

JPG 是一种图像文件格式，提供了10:1～40:1的压缩比，这样使得图像文件比较小。它的压缩比可以由用户选择，压缩比越大，图像越模糊，这就需要用户根据实际的清晰度要求，给出一个合适的压缩比。

3. GIF 格式

GIF 是一种图像文件格式，同时也可存储动画（网页上一些会动的小图标就是此类格式）。GIF 格式最多支持 256 种颜色，远不如 JPG 格式丰富，一般比较容易表现一些不需要丰富色彩的卡通人物或形状等。其优点是压缩比很大，所以文件比 JPG 格式的小。

4. WMF 格式

WMF 是一种图形格式，PowerPoint 中的剪贴画就是此类型，其文件较小，可以存储由线条组成的图形，不能存储色彩丰富的实际环境照片，任意缩放不会产生变形。

4.1.3 音频素材的常用格式

1. WAV 格式

WAV 是由 Windows 自带的“录音机”软件创建的音频文件，存储声音的波形信息，文件较大。

2. MP3 格式

利用 MPEG Audio Layer 3 的技术，将音乐以 1∶10 甚至 1∶12 的压缩率，压缩成容量较小的文件，而对于大多数用户来说重放的音质与最初的不压缩音频相比没有明显的下降。与 WAV 文件相比，文件较小。

3. WMA

WMA 是微软公司开发的用于替代 MP3 的音频文件格式。PowerPoint 的早期版本如 2003 不支持 MP3 格式的音频，如果要在 PowerPoint 2003 中插入音频，只能将 MP3 格式的音频转换为 WMA 格式再插入。

4. MIDI

MIDI 是编曲界最广泛的音乐标准格式，可称为“计算机能理解的乐谱”。它用音符的数字控制信号来记录音乐。一首完整的 MIDI 音乐只有几十千字节大，而能包含数十条音乐轨道。几乎所有的现代音乐都是用 MIDI 加上音色库来制作合成的。MIDI 传输的不是声音信号，而是音符、控制参数等指令，它指示 MIDI 设备要做什么，怎么做，如演奏哪个音符、多大音量等。

4.1.4 视频素材的常用格式

1. AVI

AVI 是由微软公司提供的视频文件，可以将视频和音频交织在一起进行同步播放。其缺点是体积过于庞大，而且更加糟糕的是压缩标准不统一，这就是出现 AVI 文件不能播放的根本原因。如果用户在进行 AVI 格式的视频播放时遇到了这些问题，可以通过下载相应的解码器来解决。

2. MPG

家里常看的 VCD、SVCD、DVD 光盘里的视频文件就是此格式，其最大压缩比可达到 200∶1。其采用的压缩标准有三种，分别是 MPEG-1、MPEG-2 和 MPEG-4。

3. DAT

VCD 光盘中的视频文件使用此格式，一般采用 MPEG-2 对视频文件进行压缩。

4. WMV

WMV（Windows Media Video）是微软推出的一种视频格式，其压缩比与 MPEG-2 接近。

5. FLV

FLV 是 Flash Video 的简称，FLV 流媒体格式是随着 Adobe 公司的 Flash MX 软件的推出发展而来的视频格式。被众多新一代视频分享网站所采用，是目前增长最快、最为广泛的视频传播格式。FLV 文件体积小巧，清晰的 FLV 视频 1 分钟在 1MB 左右，一部电影在 100MB 左右，是普通视频文件体积的 1/3。再加上 CPU 占用率低、视频质量良好等特点使其在网络上盛行，网上的几家著名视频共享网站均采用 FLV 格式文件提供视频。

4.1.5 动画素材的常用格式

1. SWF

SWF 是一种基于矢量的 Flash 动画文件，一般用 Flash 软件创作并生成

SWF 文件格式，也可以通过相应软件将 PDF 等类型转换为 SWF 格式。SWF 格式文件广泛用于创建吸引人的应用程序，它们包含丰富的视频、声音、图形和动画。

2. GIF

GIF 格式也支持动画，基本原理是存储了多帧图片，将几张图片连在一起呈现，每张图片持续一段时间，最后一张图片呈现完后，再呈现第一张图片，这样一直不停地循环播放，就构成了动画。在 Windows 平台上，制作 GIF 动画有许多工具，其中著名的有 Adobe 公司的 ImageReady、友立公司的 GIF Animation 等。

3. MOV

它是 Apple 公司开发的一种音频、视频文件格式，用于存储常用数字媒体类型。画面效果较 AVI 格式要稍微好一些。

4.2 文字处理的常用方法

教师在课程准备和授课过程中，可能会要求完成写电子教案、制作评价量表等工作，其中涉及文字录入、文字编辑以及文字排版等工作。这些工作要借助文字处理软件来完成。如微软公司开发的 Office Word、金山公司的 WPS Office 等这些软件都能胜任此项工作，下面以 Windows 7 环境下的微软公司 Word 2010 为例，说明一个教案的编写过程。

4.2.1 新建文稿

点击“开始”菜单，点击“所有程序”下的“Microsoft Office”中的“Microsoft Word 2010”，如图 4 - 1 所示。打开如图 4 - 2 所示的窗口，这就是 Word 2010 的编辑界面。

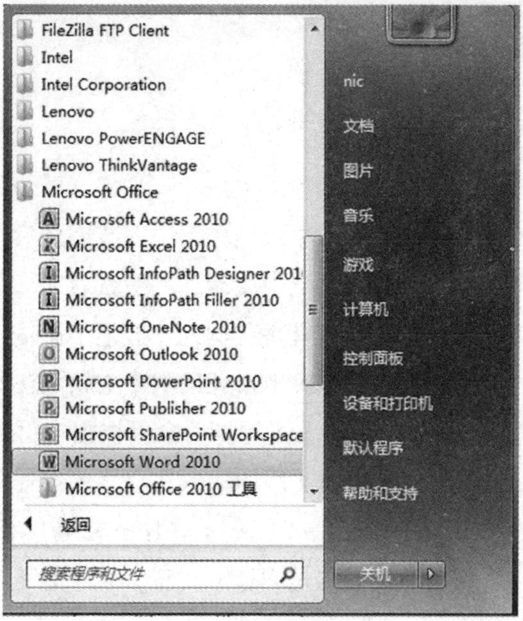

图 4－1 “开始”菜单

图 4－2 Word 编辑界面

4.2.2　录入文字

录入文字有三种方法，列举如下。

1. 使用键盘录入

键盘录入，这是最常见的方法。操作系统安装完成后，一般会自带一些输入法。如 Windows 7 操作系统中文版，一般都自带“微软拼音 ABC”输入法等。中文输入的主要方式有拼音输入、五笔字型输入、手写输入等多种输入方法，市场上有许多针对中文开发的中文输入法，如搜狗拼音输入法、手心输入法、QQ 拼音输入法等。大家可根据自己的使用习惯，安装一种合适的中文输入法。当前使用的输入法会显示在任务栏处或以悬浮小窗口的形式显示出来，如图 4－3（显示在任务栏上）和图 4－4（悬浮小窗口）所示，说明当前使用的是“微软拼音 ABC”输入法。

图 4－3　任务栏

图 4－4　输入法悬浮小窗口

除输入中文及英文外，可输入希腊字母、俄文字母、注音符号、拼音字母、日文平假名/片假名、标点符号、数字序号、数学符号、制表符、中文数字/单位、特殊符号等。点击输入法栏处的功能菜单，出现软键盘，如图 4－5 所示，根据自己的需要，选择相应的输入类型。

切换输入法的方法：点击输入法栏上的输入法标志，可切换你需要的输入法，如图 4－6 所示；也可使用快捷键“Ctrl + Shift”。

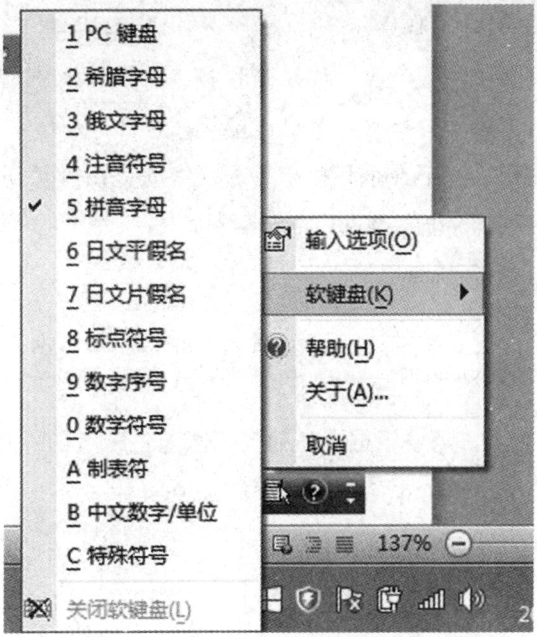

图 4-5 输入法软键盘

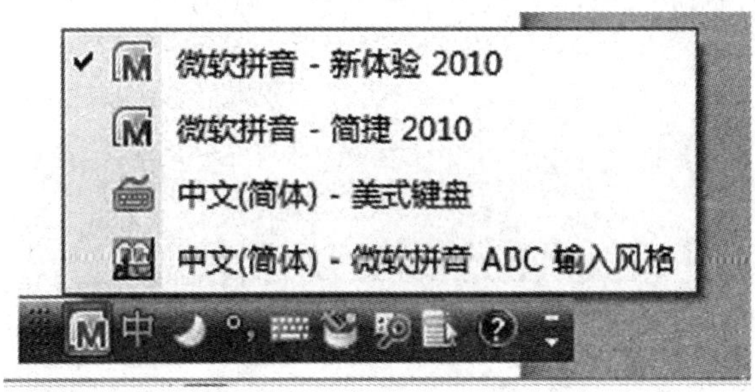

图 4-6 输入法切换

中文/英文的切换方法：点击输入法栏上的“中”或“英”按钮，切换到中文或英文状态；也可使用快捷键“Shift”。

中英文标点符号切换方法：点击输入法栏上的标点符号按钮，可切换到中文标点或英文标点；也可使用快捷键“Ctrl +.”。

2. 使用手写板手写输入

市场上有许多手写板产品，如汉王科技、联想、清华紫光等。安装手写板驱动程序后，将手写板和计算机连接起来后，打开写字板、Word 等文字软件后，再使用手写笔在手写板上书写文字时，由计算机将其识别成文字后，就自动放到写字板、Word 的编辑界面中。

3. 使用语音识别工具

点击“控制面板”中的“语音识别”，如图 4-7 所示；打开如图 4-8 所示的界面。

如图 4-9 所示，需要根据自己的实际情况，选择其中一个选项。一般笔记本电脑自带麦克风，请选择最下面那一项。

大声读出窗口中显示的文字“皮特在……”，点击“下一步”，最后点击“确定”，麦克风就设置好了。

图 4-7　控制面板

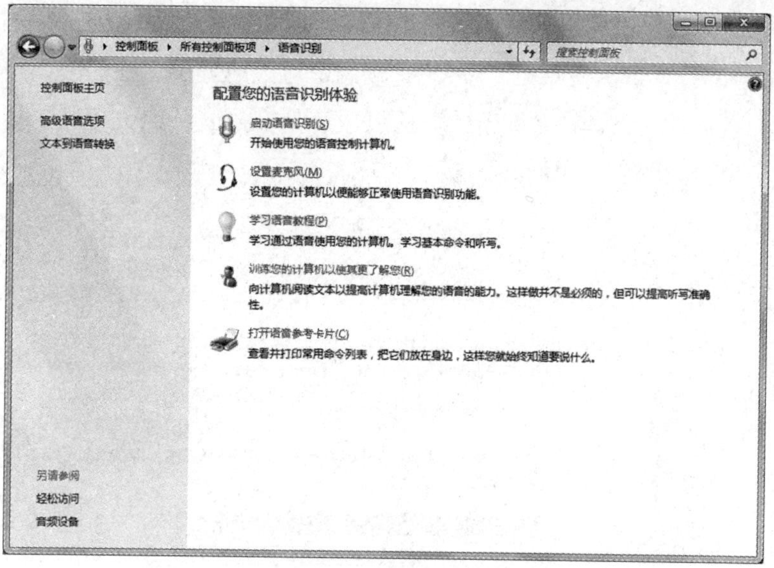

图 4-8 设置麦克风

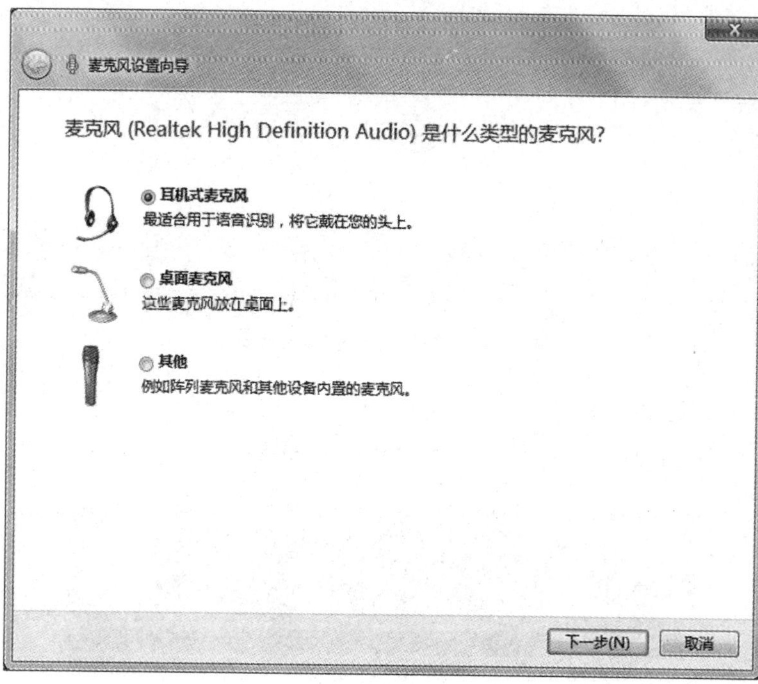

图 4-9 麦克风设置向导第 1 步

为了提高识别的准确度，强烈建议在识别文字之前，点击图 4 - 8 中的“训练您的计算机以使其更了解您”，按照窗口上的提示，逐句阅读呈现的文字，直到结束。这样有助于计算机更了解你的声音特点，提高语音识别的准确率，如图 4 - 10 所示。

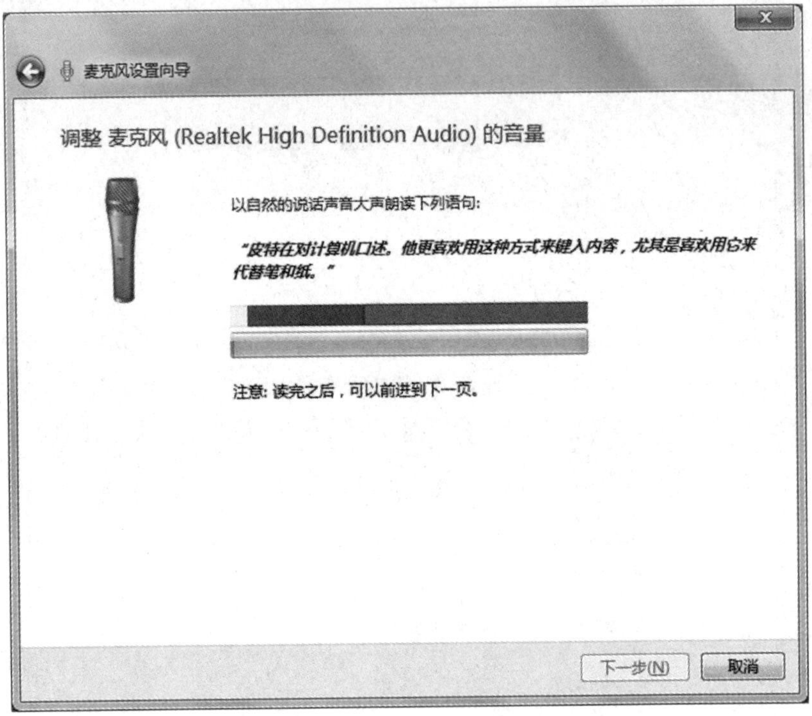

图 4 - 10　麦克风设置向导第 2 步

麦克风设置完成后，桌面上显示如图 4 - 11 所示的浮动窗口。点击浮动窗口左侧的圆形按钮，计算机就可以将你的声音识别成文字了。

图 4 - 11　语音识别浮动窗口

4.3 处理与制作图片素材

4.3.1 使用 Windows 照片查看器旋转图片

步骤

（1）使用“Windows 照片查看器”打开要处理的图片。选中要处理的图片，点击鼠标右键，点击“打开方式”，选择“Windows 照片查看器”，如图 4－12 所示。

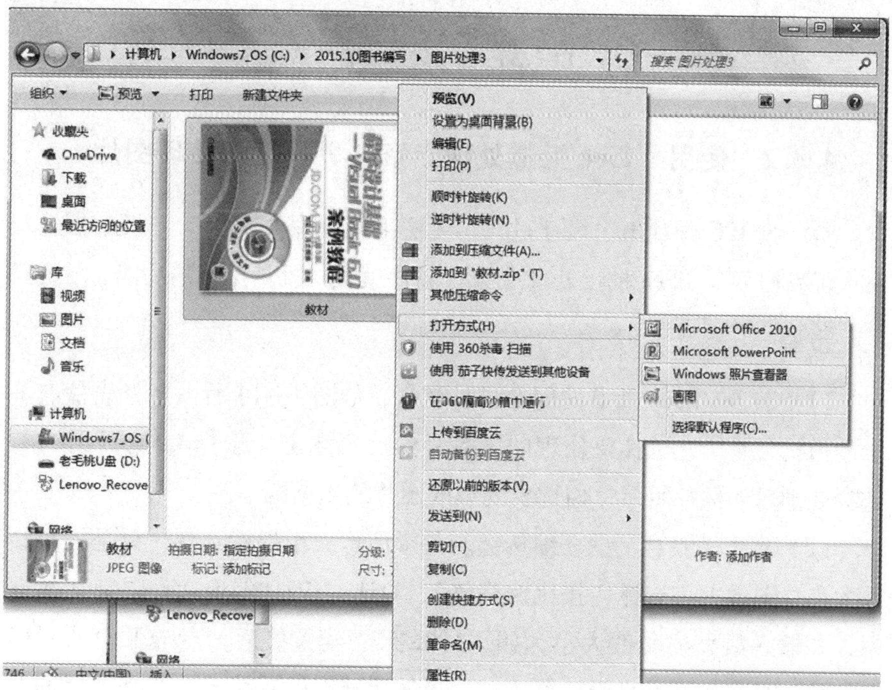

图 4－12 打开方式菜单

（2）如图4－13所示，使用旋转按钮，这样就实现图片的旋转了。

图4－13　Windows 照片查看器界面

4.3.2　使用“iSee批量处理专家”软件批量处理图片

有一批JPG图片由于尺寸过大，无法上传到课件平台，一张一张处理又太浪费时间。“iSee批量处理专家”软件就提供批量压缩的功能。

步骤

（1）打开“iSee批量处理专家”软件，如图4－14所示，首先从右下方的树状目录中，选择要处理的图片；然后再点击“选择文件夹”按钮，选择处理后的保存目录；勾选要处理的图片的复选框。

（2）点击工具栏上的压缩按钮，如果图像大小保持不变，只是缩小文件大小，图像大小选择“按比例调整”，勾选“JPEG转换文件限制”复选框，并输入最大的文件大小，如“100KB”；配置好后，点击下面的“确定”按钮后，就开始批量转换了。批量转换结束后，在上述“处理后的保存目录”下，就可以找到处理后的图片了，如图4－15所示。

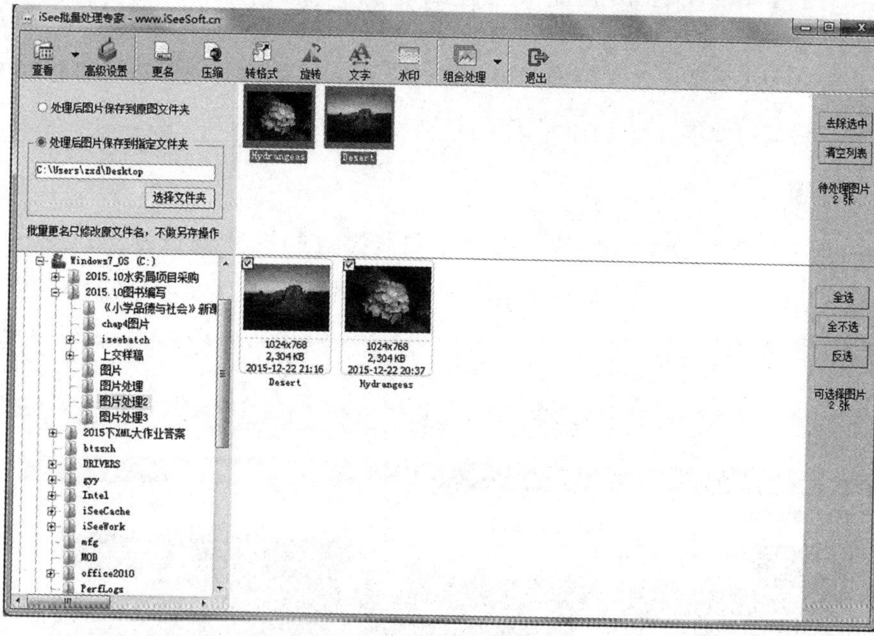

图 4－14　iSee 软件界面

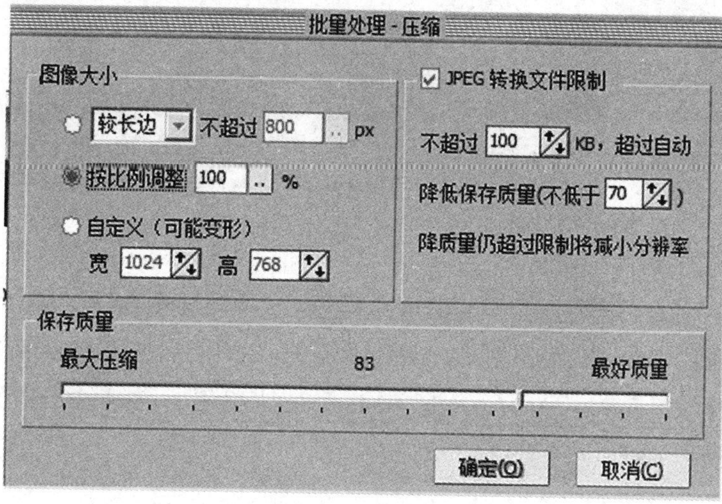

图 4－15　压缩对话框

4.3.3 捕捉电脑屏幕上正在显示的画面

课件中需要一张有关河流污染的图片，而在线播放的视频正好有相关图片。这如何处理?

步骤

点击在线播放窗口的暂停按钮，在线播放的视频就暂停了；按下“Alt + PrintScreen”键，就可将电脑屏幕显示的画面保存在电脑的剪贴板中，如图 4 – 16 所示。

图 4 – 16　在浏览器中播放视频

（1）打开画图软件，点击“新建”，再点击“粘贴”，刚复制的图像就到了画图软件中；再使用“选择”工具中的矩形，使用鼠标拖放操作将需要的区域框起来；最后再点击工具栏上的“裁剪”，这样就把多余的图片裁剪了，如图 4 – 17 所示。

图 4－17　画图软件界面

（2）最后，点击左上方的“保存”按钮，就可以将其保存为文件了，如图 4－18 所示。

图 4－18　画图软件保存文件

4.4 处理与制作音频素材

4.4.1 使用 WaveCN 软件截取音频片段

一段音频文件太长，而课件中只需要其中的一部分，该如何处理呢？

步骤

（1）打开 WaveCN 软件，使用“文件”→“打开”，打开要处理的 WAV 文件。如图 4－19 所示，打开后，点击绿色三角的“播放”按钮，音频就开始播放了。先确定所需音频的开始部分，再使用鼠标拖曳方式选择一段音频。

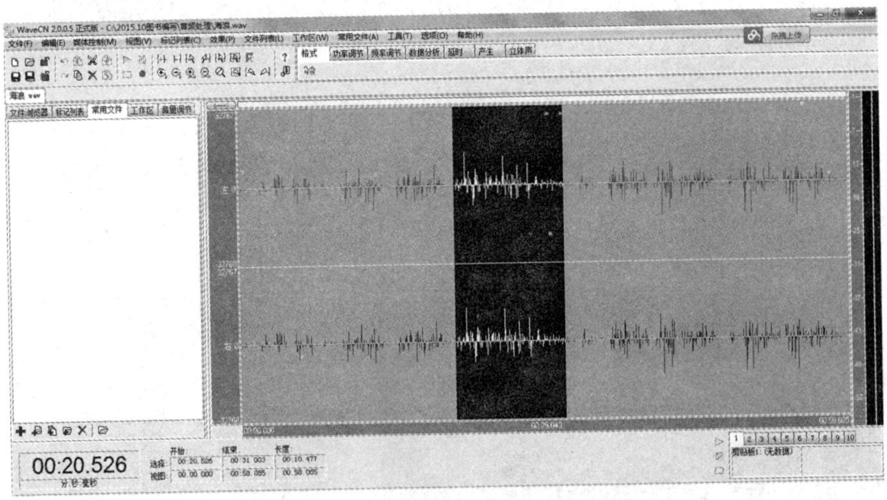

图 4－19 WaveCN 软件主界面

（2）再点击“播放”按钮，确认上述选择的区域是否是你需要的；如果不是，再使用鼠标拖曳方式，调整选择区域的大小，直到选中的黑色区域就是你需要的音频。如图 4－20 所示，点击菜单栏的“编辑”下的“复制为新文件”命令；如图 4－21 所示，编辑区就出现了一个“未命名”的音频文件，这就是刚才复制的波形文件。

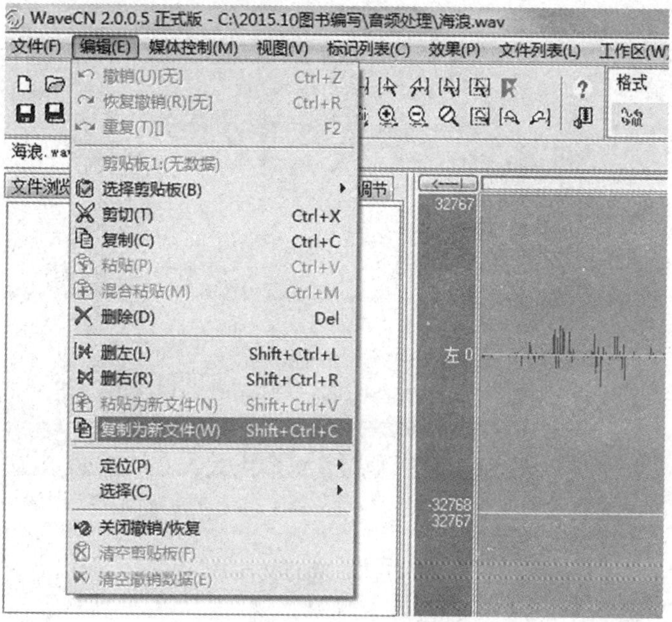

图 4－20 复制为新文件菜单

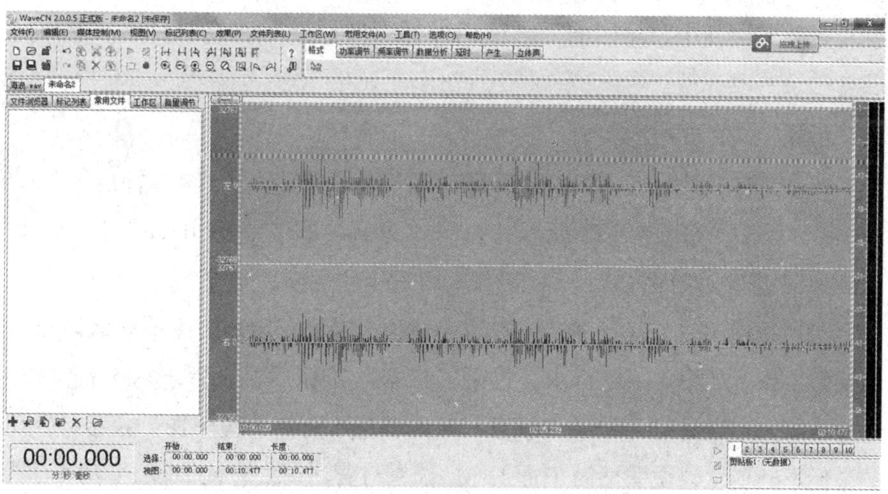

图 4－21 复制后的波形文件

(3) 如图4-22所示，点击“文件”菜单下的“保存”命令，在弹出的对话框中输入文件名，就将刚才复制出来的波形文件保存成一个WAV文件了。

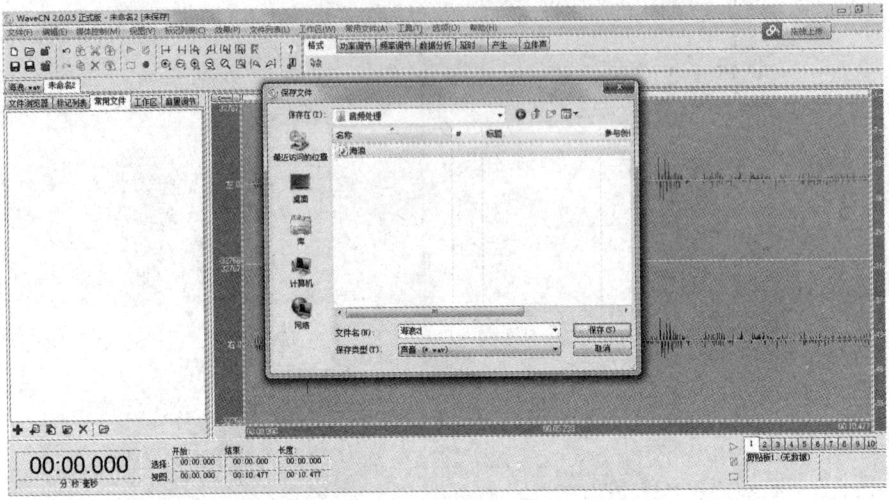

图4-22 保存文件

4.4.2 使用WaveCN软件从麦克风录制

在制作课件中，希望插入一段话外音。可是没有现成的音频，老师可以自己录一段音频。

步骤

(1) 录音开始前，需要将话筒和计算机连接起来。连接好后，打开WaveCN软件，如图4-23所示，点击“录音”按钮，打开如图4-24所示的“录音”对话框。

(2) 录音开始前，一般有一个准备阶段。在准备阶段，主要确认话筒是否正常工作。如图4-24所示，点击“准备”按钮后，录音进入准备阶段。对着话筒大声说话时，如果“录音”对话框左上侧的“功率表”会随着声音的高低不断变化，说明话筒正常工作。如果对着话筒大声说话时，“功率表”显示一直为0，说明话筒不能正常工作，请检查话筒与计算机的连接线。

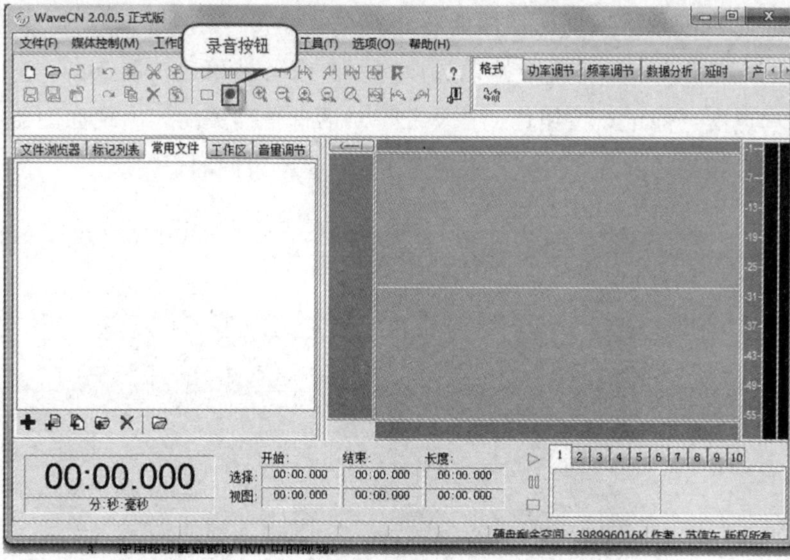

图 4－23 录音按钮

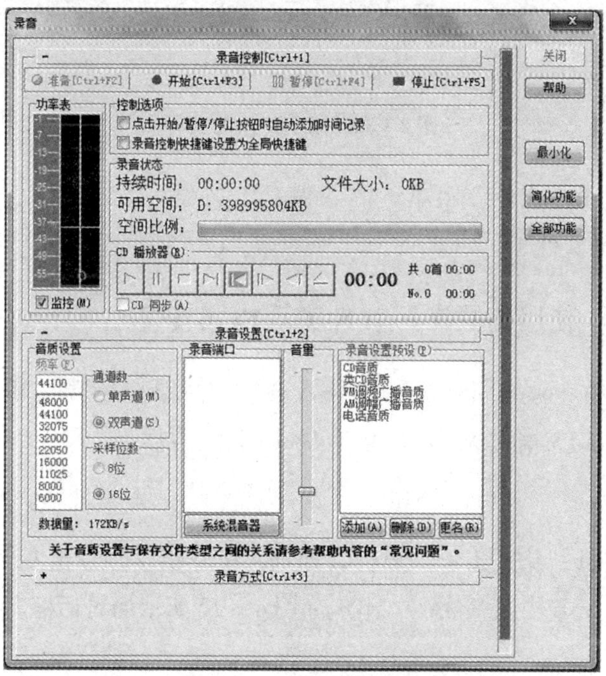

图 4－24 “录音”对话框

（3）在准备阶段确认话筒工作正常后，点击“录音”对话框上方的“开始”按钮，计算机就开始记录声音了。录音结束后，请点击“停止”按钮。点击“停止”按钮后，“录音”对话框自动关闭，出现如图4－25所示的音频编辑窗口。图中“未命名1”就是刚录制的音频。

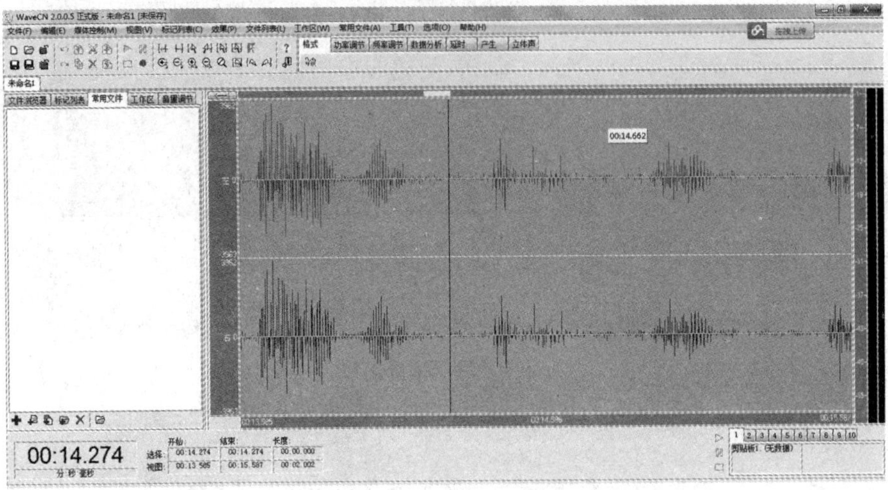

图4－25　录音产生的文件

（4）点击“文件”菜单下的“保存”按钮，输入文件名，就将录音保存为WAV文件了。

4.4.3　使用格式工厂软件实现格式转换

如果要在PowerPoint 2003中插入音频，不能直接插入MP3格式的音频。需要将MP3格式的音频转换为WMA格式再插入。

步骤

（1）打开“格式工厂”软件，如图4－26所示，点击左侧的“音频”菜单下的“所有转到WMA”，出现如图4－27所示的对话框。

图 4－26 格式工厂软件主界面

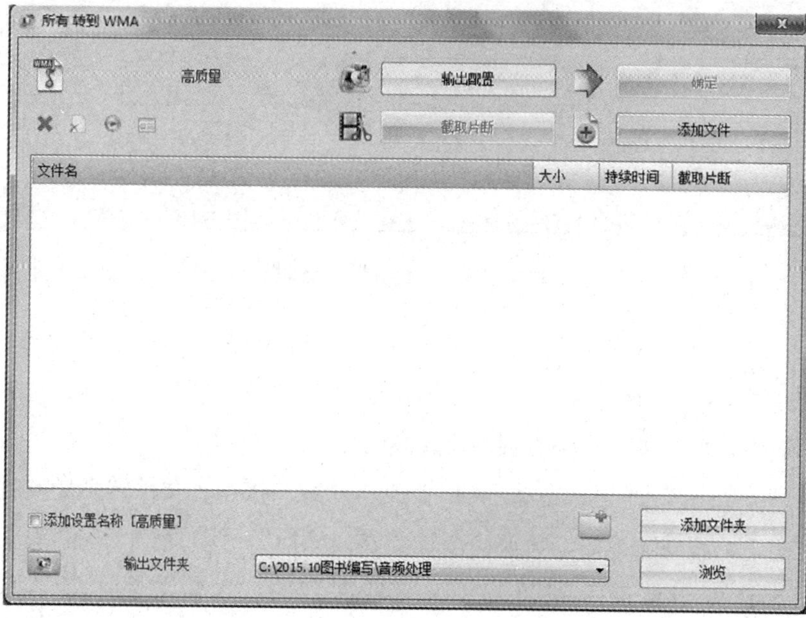

图 4－27 “所有转到 WMA”对话框（一）

（2）点击对话框右上方的“添加文件”，出现如图 4－28 所示的“打开”对话框，选择要转换的 MP3 文件，然后点击“打开”按钮。点击“打开”按钮后，自动关闭“打开”对话框，回到“所有转到 WMV”对话框，再点击“浏览”，选择输出文件夹，如图 4－29 所示。“输出文件夹”就是转换完成后，转换后的文件的存放目录。

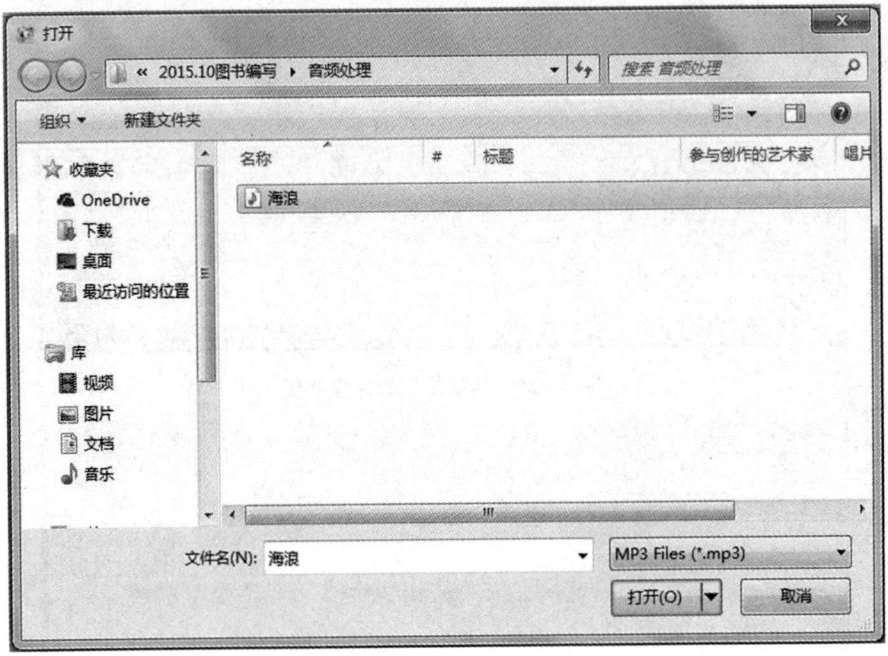

图 4－28　“打开”对话框

（3）上述工作都完成后，点击“所有转到 WMV”对话框的“确定”按钮，其对话框自动关闭，回到主界面（图 4－30）。这时，右侧区域的转换列表中，就有了一项刚配置的要转换的任务。

（4）在主界面中，点击工具栏上的“开始”按钮，文件转换任务就正式开始了。转换完成后，转换状态就变成“完成”了。这时，在刚配置的输出文件夹中就能看到与待转换文件同名的 WMA 文件（如“海浪. wma”）了，如图 4－31 所示。

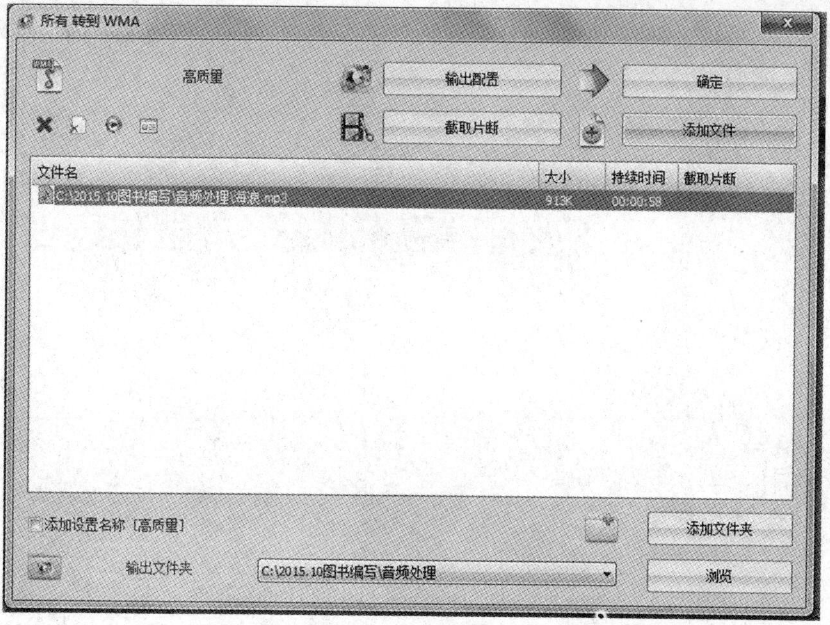

图 4－29 “所有转到 WMA”对话框（二）

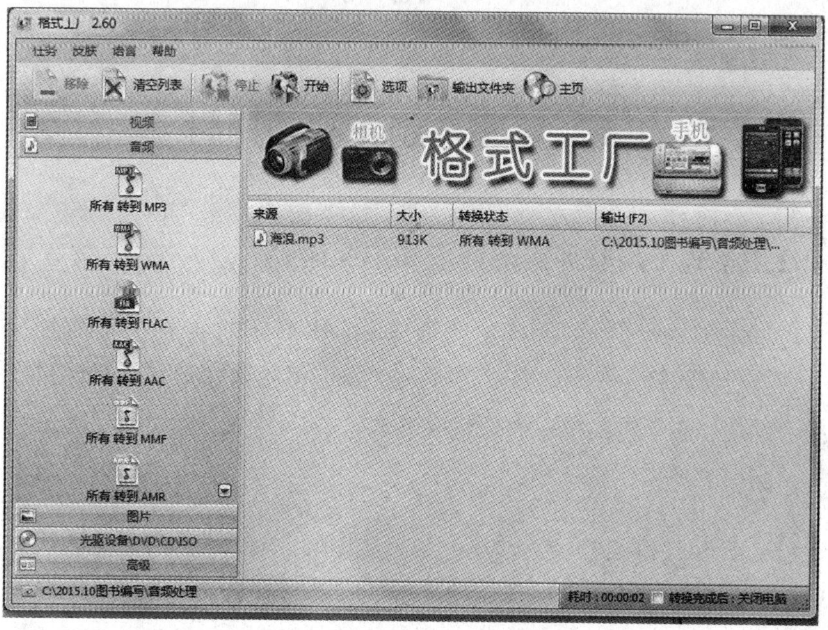

图 4－30 格式工厂软件主界面

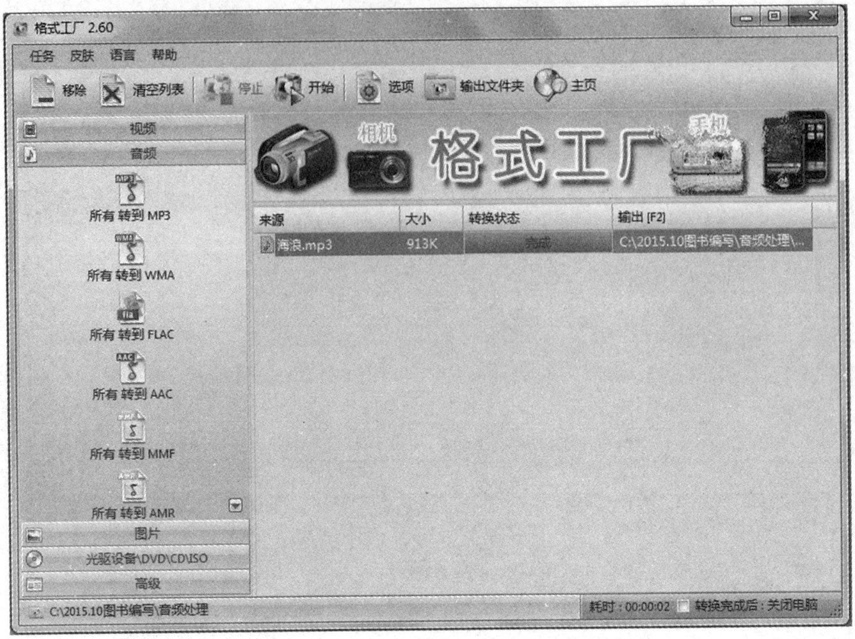

图 4－31　转换完成界面

4.5　处理与制作视频素材

使用格式工厂软件实现截取和格式转换

如果要在 PowerPoint 2003 中插入视频，有些格式如 DAT 不能直接插入，需要将其转换为 WMV 格式再插入。如有视频内容很长，课件只需求其中一部分，必须将其中一部分截取出来。

步骤

（1）打开“格式工厂”软件，点击左侧的“视频”，出现能转换为的视频格式。由于“格式工厂”软件支持的视频格式较多，请点击如图 4－32 所示的翻页按钮，找到“所有转到 WMV”按钮。

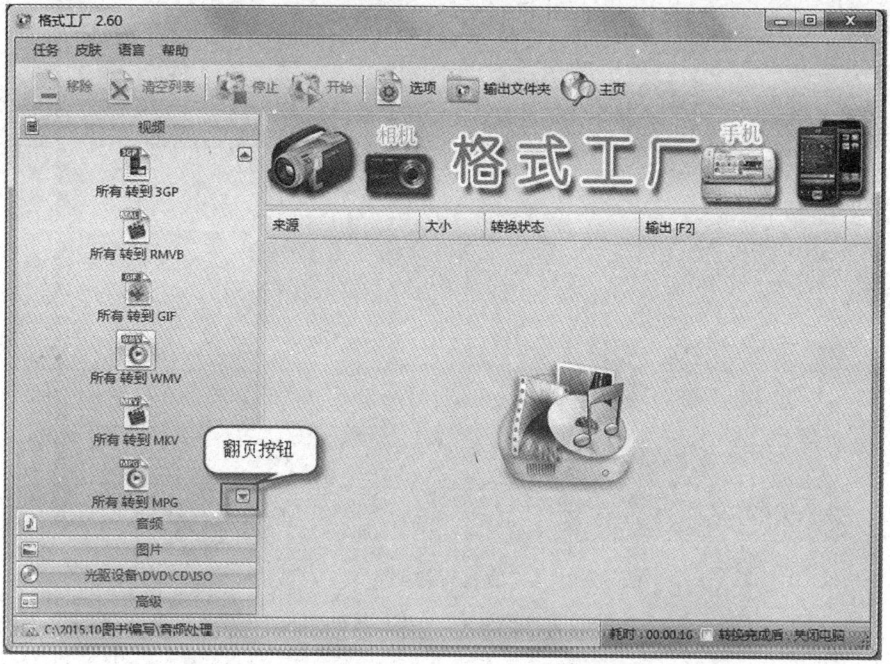

图 4－32　格式工厂主界面

（2）点击“所有转到 WMV”按钮后，出现“所有转到 WMV”对话框。同音频转换类似，选择“添加文件”，将待转换的文件加入处理列表；点击“浏览”按钮，指定输出文件夹。

（3）如图 4－33 所示，点击“选项”按钮，出现如图 4－34 所示的对话框，在其中就可以设置要截取的内容了。打开对话框后，视频开始自动播放。在播放过程中，找到你要截取出的视频的起点后，点击“开始时间”按钮，在其下面就出现相应的时间了，说明起点设置成功了。接着，如图 4－35 所示，找出你要截取出的视频的结束点后，点击“结束时间”按钮，在其下面就出现相应的时间了，说明结束点设置成功了。最后，点击“确定”，对话框自动关闭，又出现了如图 4－33 所示的对话框，再点击其上的“确定”按钮。

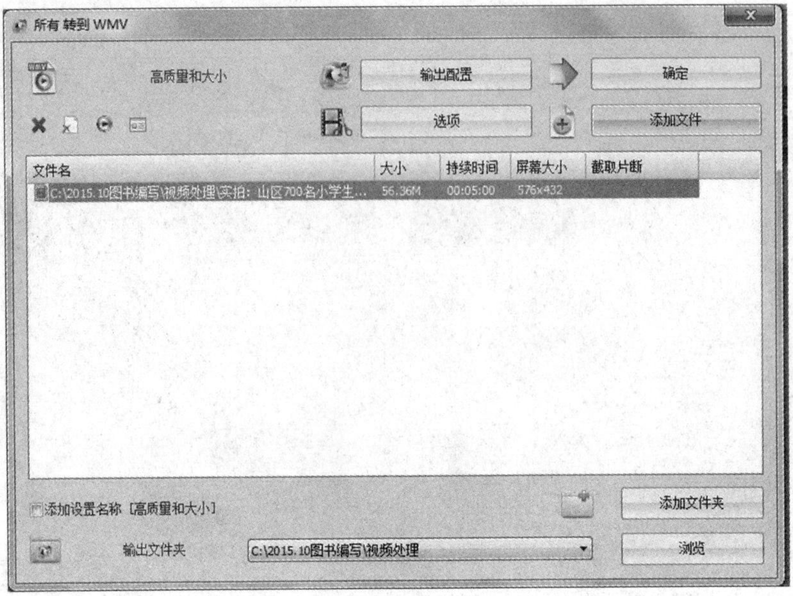

图 4－33　“所有转到 WMV”对话框

图 4－34　视频截取对话框（一）

图 4－35　视频截取对话框（二）

（4）点击“确定”后，“所有转到 WMV”对话框自动关闭，出现如图 4－36 所示的主界面，点击“开始”按钮，视频就开始截取和转换了。待处理的视频文件如果较大，处理时要消耗计算机大量的 CPU 资源，所以应尽量选择性能较高的计算机来处理视频。

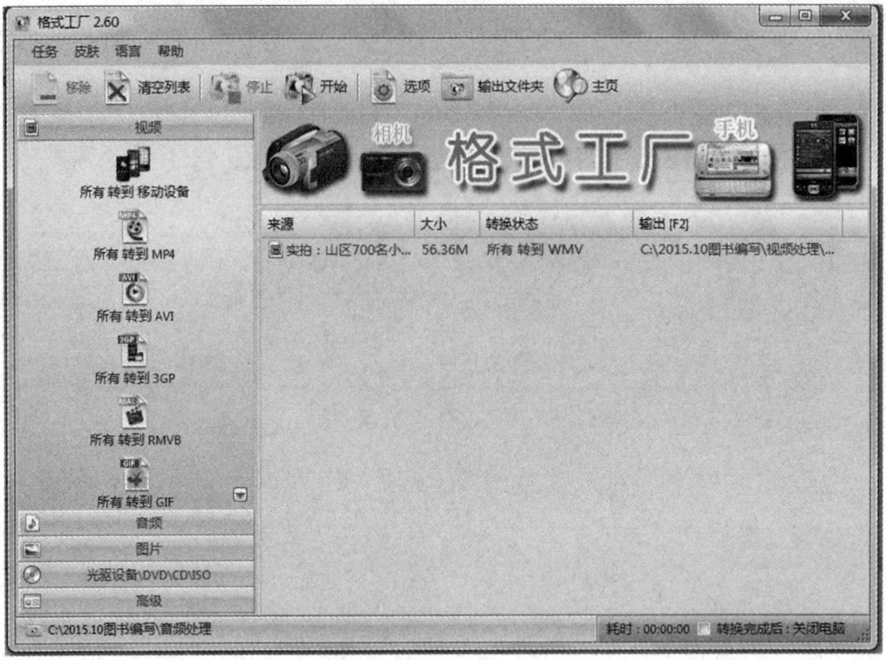

图 4－36　格式工厂软件主界面

4.6　处理与制作动画素材

动画素材的制作工具有许多，对于一线教师，Flash 软件是一个简单易学的动画创作工具。

4.6.1　制作 Flash 动画

Flash 是一种集动画创作与应用程序开发于一身的创作软件，到 2013 年 9 月 2 日为止，最新的零售版本为 Adobe Flash Professional CC（2013 年发布）。Adobe Flash Professional CC 为创建数字动画、交互式 Web 站点、桌面应用程序以及手机应用程序开发提供了功能全面的创作和编辑环境。Adobe Flash Professional 创作完成的动画可以输出为 SWF，用户的计算机如果要播放 SWF 动画必须安装一个 Flash 播放器 Adobe Flash Player。

下面就以制作一个小球运动动画为例说明 SWF 动画的制作和发布过程。

1. 制作过程

（1）如图 4 - 37 所示，打开 Adobe Flash Professional 软件，就出现了如图 4 - 38 所示的界面，下面就出现了一个时间轴，自动产生一个图层，双击图层的名称，将其修改为“地面”。因为要建许多图层，所以要给每个图层起名字。

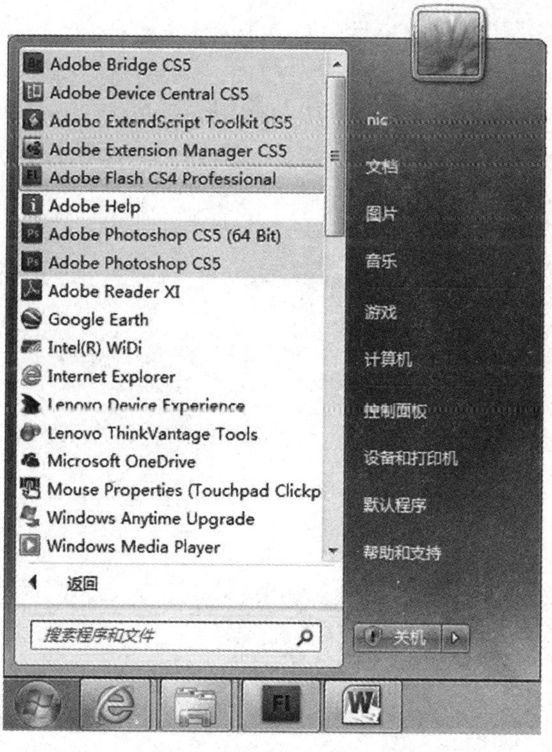

图 4 - 37 打开 Flash 制作工具

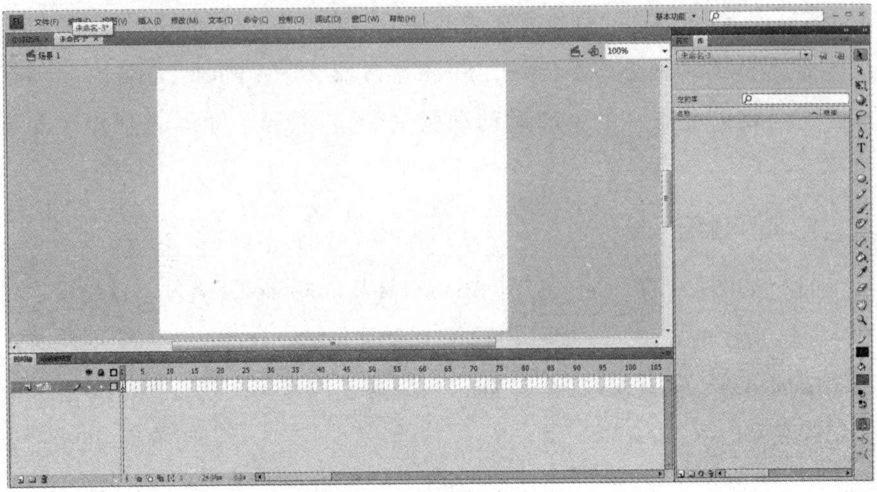

图 4-38　Flash 软件主界面

（2）在“地面”图层中，使用右侧的工具栏中的“直线”工具，绘制一条直线。点击“新建图层”按钮，新建另一个图层，并将其重命名为“小球”，如图 4-39 所示。

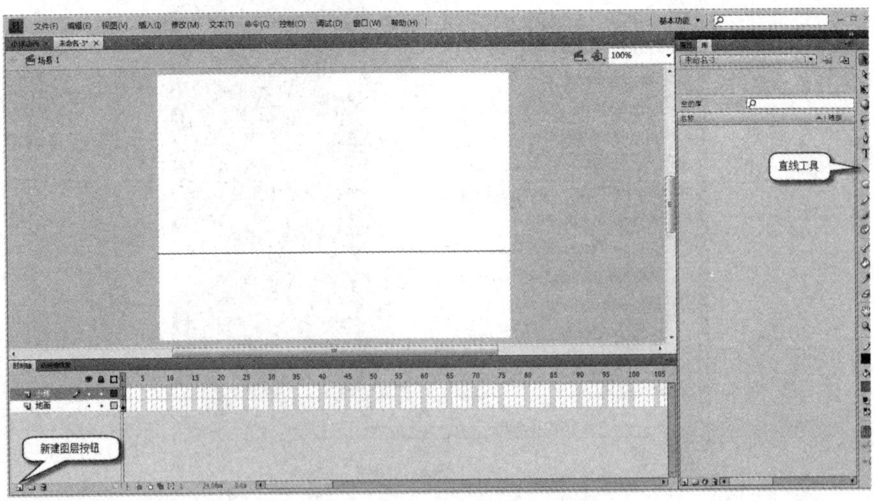

图 4-39　直线工具和新建图层按钮

（3）在“小球”图层，使用右侧工具栏中的“椭圆工具”，绘制一个小球；在小球上点击鼠标右键，选择“转换为元件”，如图 4－40 所示。

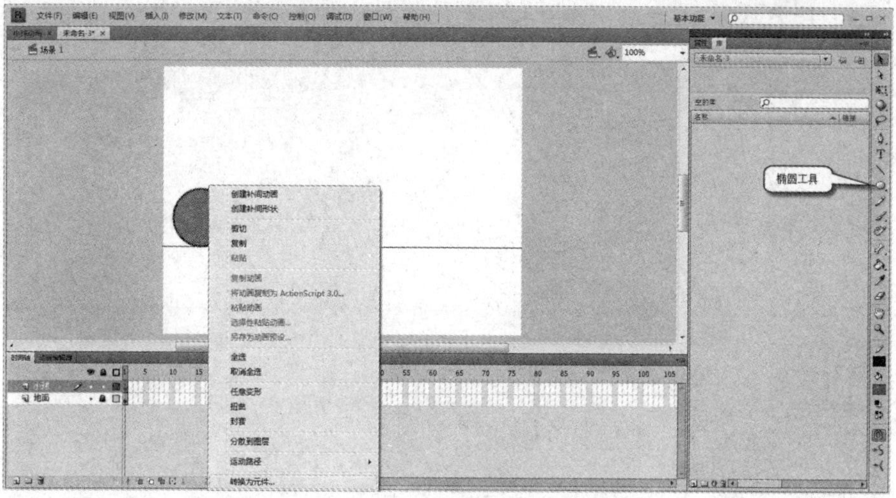

图 4－40　转换为元件菜单

（4）选择“地面”图层，在时间轴上，选择第 60 帧，点击鼠标右键，选择“插入帧”，如图 4－41 所示。

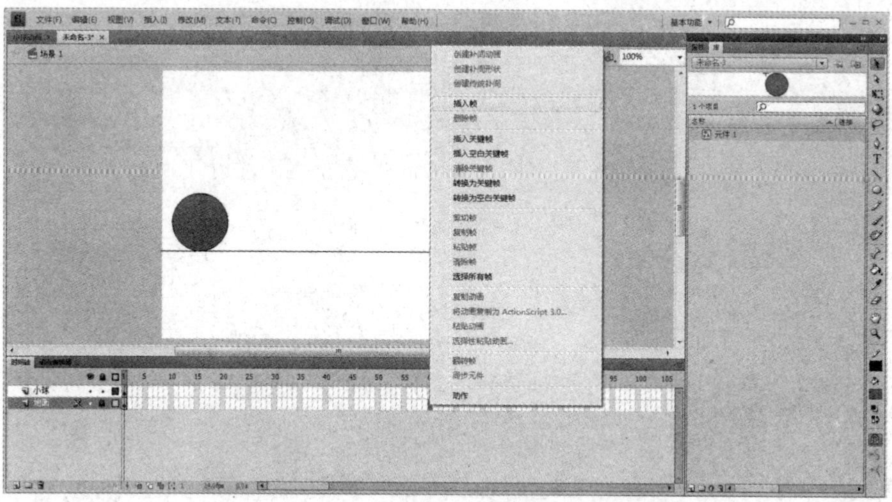

图 4－41　插入帧菜单

（5）选择“小球”图层，在时间轴上，选择第 60 帧，点击鼠标右键，选择“插入帧”；选择第 1 帧，点击鼠标右键，点击“创建补间动画”，如图 4－42 所示。

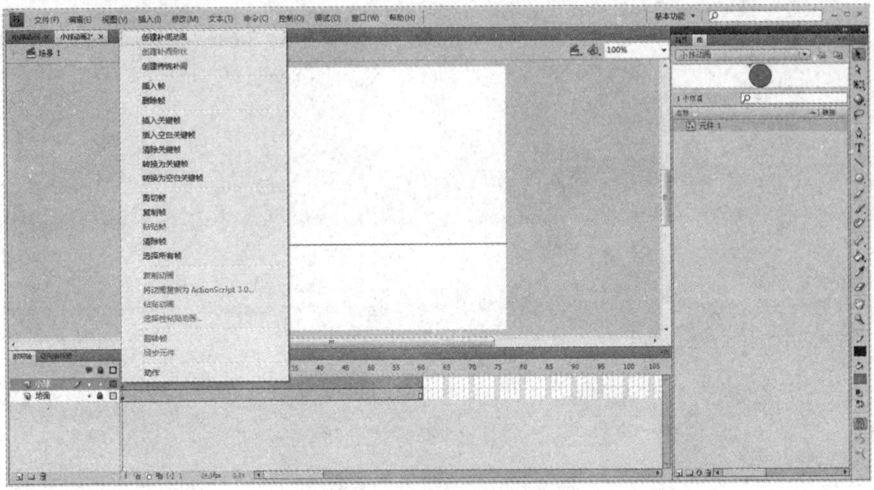

图 4－42　创建补间动画菜单

（6）选择第 60 帧，点击鼠标右键，点击“插入关键帧”→“位置”，如图 4－43 所示。

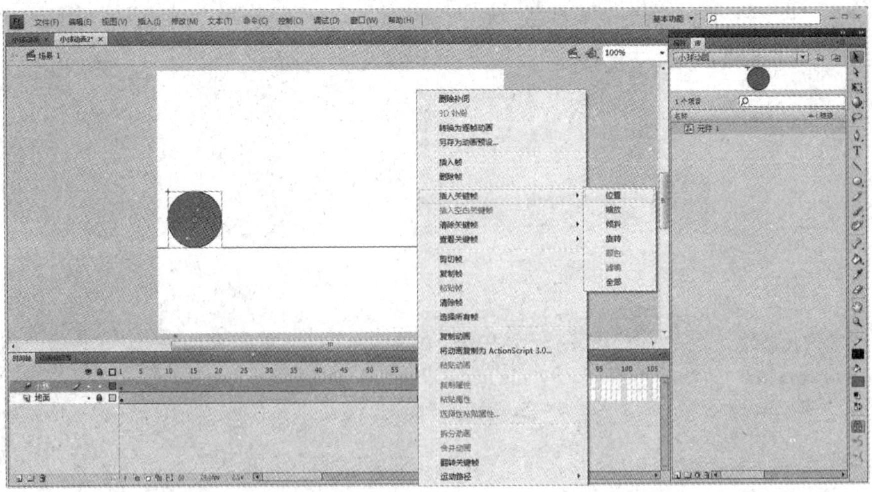

图 4－43　插入关键帧

（7）如图 4 -44 所示，选择第 60 帧，选择小球元件，移动到右侧。

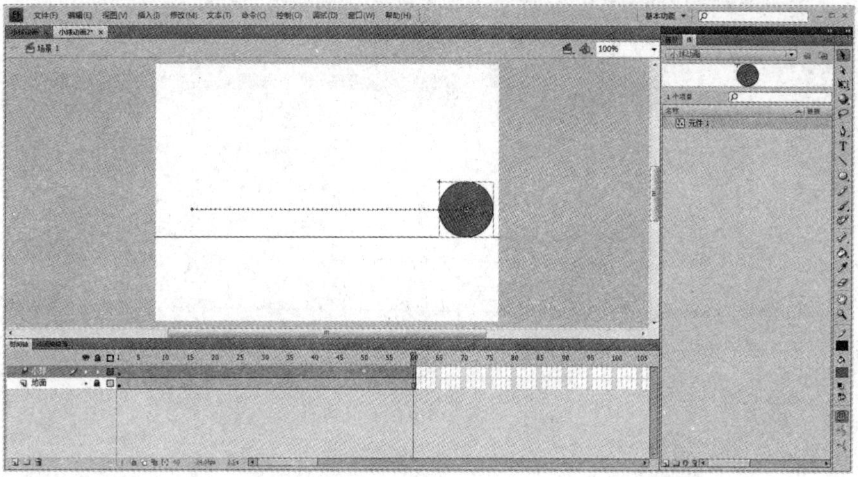

图 4 -44 移动小球的位置

2. 测试和发布动画

（1）在时间轴上，按 Enter 键，动画开始播放，时间轴上的游标开始向前移动，一直播放到第 60 帧，如图 4 -45 所示。

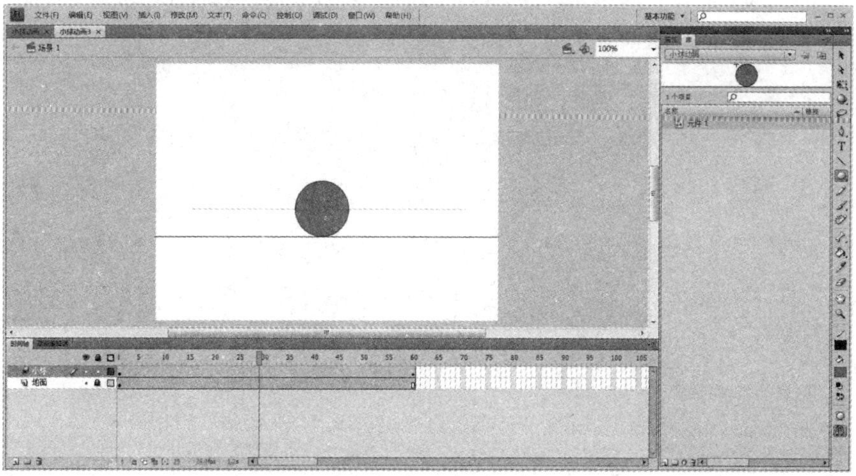

图 4 -45 测试动画

（2）测试后，选择“文件”→“导出”→“导出影片”，选择文件夹，输入文件名，就可以保存为 SWF 动画，如图 4－46 所示。

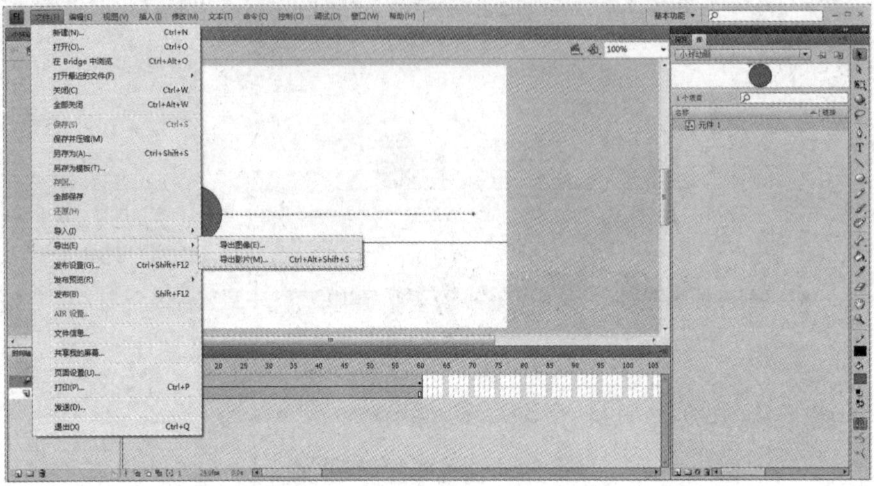

图 4－46　导出影片

练习与思考

1. 从网页上下载一大段文字，使用 Word 软件对其排版。

2. 请任意选择一幅图片，对它进行调整、格式转换的操作练习。

3. 录制一段某节课的开场白，并对其截取。

4. 将网上下载的一个视频进行截取，并将其转换为 WMV 格式。

5. 根据教学设计方案，对专题三练习中收集到的素材进行筛选和处理，为下一步开发课件做准备。

专题五

多媒体课件制作

问题导入

学校要进行讲课大赛，各位教师开始着手准备制作课件，遇到了几个问题：

1. 新入职的李老师，之前学过计算机基础，会制作演示文稿，想开发一个课件，不知道如何入手。

2. 刘老师已经准备好素材，想制作一个演示文稿课件，不知道如何编排。

3. 张老师打算采用翻转课堂这个新的教学模式，需要制作一个微课程供学生自学，不知道如何制作。

4. 王老师想把收集到的试题制作一个电子的试题集不知道如何制作。

多媒体课件是教师利用信息技术手段开展多媒体教学的必备教学资料。多媒体课件，是在一定的教学与学习理论指导下，根据教学目标设计的，反映某种教学策略和教学内容的计算机软件，是编制者按某一思路设计制作的、前后连贯的、系统性的软件。这就需要教师在编写教学设计方案的基础上，收集素材，并根据使用对象和教学环境，选择适当的工具软件开发相应的多媒体课件。如使用 PowerPoint 软件开发演示文稿课件，使用 Windows Movie Maker 开发微课等。

5.1 多媒体课件概述

多媒体课件，是在一定的教学与学习理论指导下，根据教学目标设计的反映某种教学策略和教学内容的计算机软件，是编制者按某一思路设计制作的、前后连贯的、系统性的软件。

5.1.1 多媒体课件的特点

图文声像并茂，激发学生的学习兴趣。课件由文本、图片、声音、视频、动画等多媒体信息组成，图、文、声、像并茂，给学生提供多种感官的综合刺激，这种刺激能引起学生的学习兴趣和提高学习的积极性。

丰富的信息资源，扩大认知广度和深度。课件往往会创设丰富的教学情景，并提供大量的多媒体信息和资料，这不仅有利于学生对知识的获取和保持，大大地扩大了学生的知识面，而且还能深化对知识进行认知加工的深度。

助学性课件提供了友好的交互环境，调动学生积极参与。助学性课件能给学生提供丰富多彩的人机交互环境，使学生能够自主地根据自己的特点和喜好选择学习的途径和内容，能够真正体现学生的认知主体的作用。

5.1.2 课件的分类

1. 依据使用对象分类

课件依据使用对象，可分为助教型和助学型。

（1）助教型课件。

主要是教师在课堂教学中进行知识传授时使用的课件。如图 5－1 所示，该课件主要是教师在创业课程中进行知识传授时使用的，属于助教型课件。

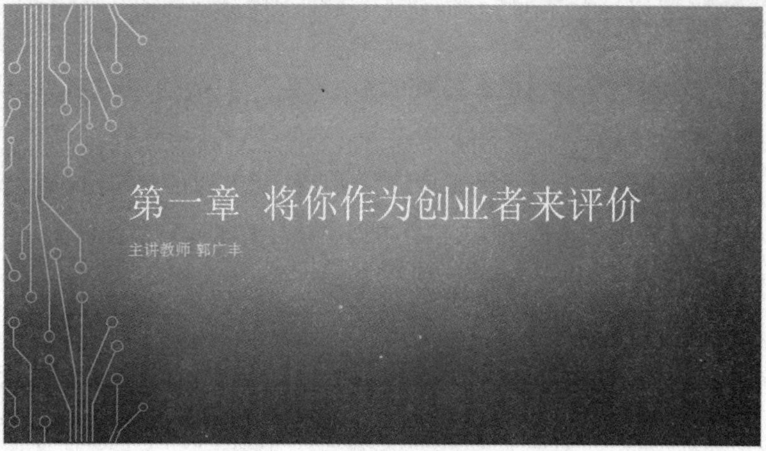

图 5－1 助教型课件截图

（2）助学型课件。

主要是学生在课堂或课下学习时使用的课件。如图 5－2 所示，该课件在“晶体结构”课程供学生使用，学生通过鼠标拖曳操作把原子放到合适的位置，自己探究“干冰”的晶体结构。该课件属于助学型课件。

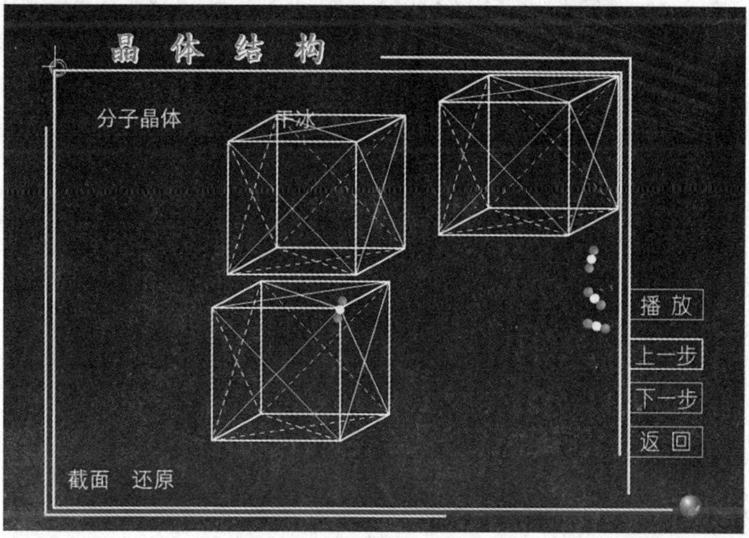

图 5－2 助学型课件的截图

2. 依据教学环境分类

按照教学环境可分为单机型和网络型。

(1) 单机型。

在独立的计算机上运行的课件，如常见的 PPT 课件，如图 5－1 所示，只要某台计算机安装 PowerPoint，就可以在该计算机运行该课件。

(2) 网络型。

在网络环境下运行的课件。如图 5－3 所示，这是一个关于“中日关系”的网络探究性课件，需要学生的计算机连入校园网或多媒体教室局域网，在局域网或校园网上搭建一台 Web 服务器，将资源部署到该服务器上；学生的计算机只要有浏览器，就可以浏览该专题网站提供的许多资源，并在学生论坛中发帖子交流讨论，如图 5－4 所示。

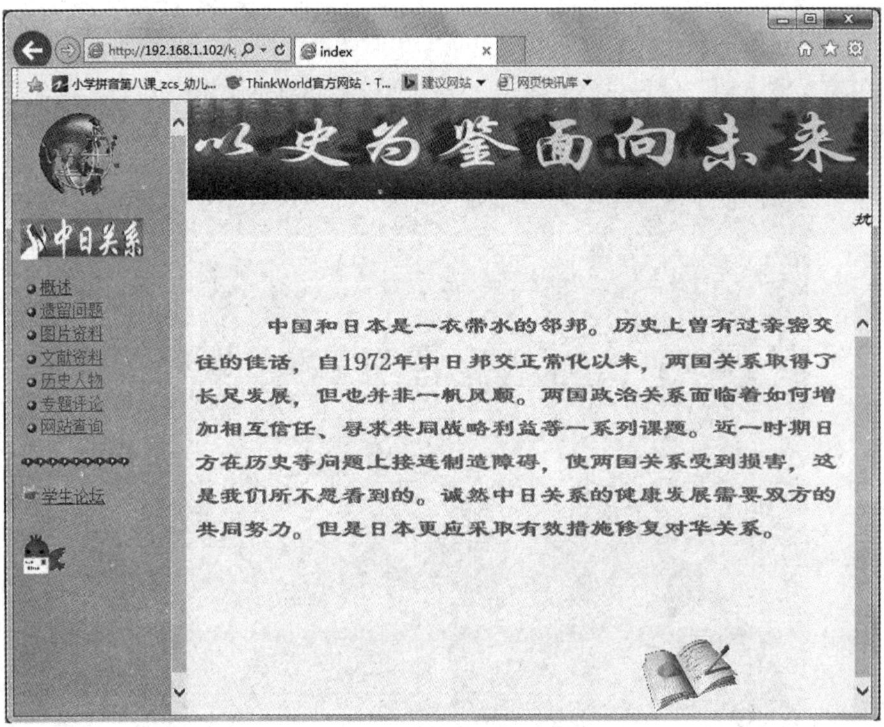

图 5－3　某网络型课件的首页

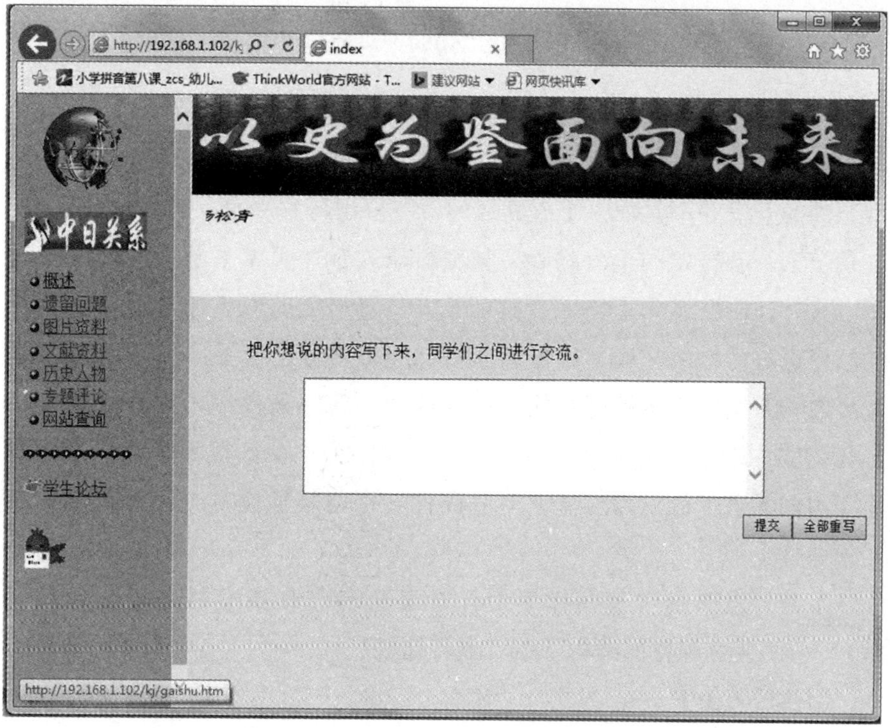

图 5－4 某网络型课件的学生论坛页面

3. 依据表现形式分类

按照表现形式，课件可分为演示型和交互型。

（1）演示型课件。

多指以图解、动画等形式进行教学内容的演示，讲解课程知识的原理和规律，揭示事物发生、发展和变化的内在规律，以讲解或展示教学内容为主的课件。图 5－1 所示的课件就属于此类。

（2）交互型课件。

以人机对话的方式进行人机之间的信息沟通，实现人机交互的课件。图 5－2 所示的课件就属于此类。

5.2 多媒体课件制作的要求与流程

课件的设计与制作涉及多种学科的知识和技能，一些商业课件或大型课件的开发并不是由一个人完成的，一般由课程专家、教学设计人员、心理学家、有经验的学科教师、教育科研人员、美术人员、软件设计人员，有时还需要音乐工作者、摄录像人员等组成的开发小组完成。课件的制作也有严格的流程：确定教学目标→分析教学任务→分析学习者→选择教学方案→决定课件结构、决定课件内容→课件稿本编写→程序设计与调试→教学实验与评估→修改→交付使用。在日常教学中，并不一定要用如此繁琐的操作步骤来开发课件，否则教师大量时间将被消耗在制作课件上。

本书的思路是“编写教学设计方案”→“收集素材（包含处理素材)”→“确定课件的结构”→“制作课件”。

制作流程如下。

1. 编写教学设计方案

课件设计的依据就是教学设计方案。因此，课件制作的第一步必须是编写教学设计方案，这是一个课件设计的关键环节。课件的教学设计主要包括教学内容分析、教学对象分析、教学媒体选择、教学策略的选择等多个部分。以下是一个教学设计的案例。

使用燃料对环境的影响

佛山市第十二中学　化学科　莫志强

一、概述

这是人教版的九年级《化学》上册中的第七单元课题3，在前两个课题中，学生已经学习了燃烧和灭火、燃料和热量。本课内容主要分为两大点：一是燃料燃烧对空气的影响；二是使用和开发新的燃料及能源。希望学生能在前面两个课题学习的基础上，通过探究煤燃烧时产生二氧化硫从而形成酸雨的危害，汽车燃烧时产生的尾气造成的危害，归纳出煤和石油等化石燃料是造成对空气的污染的主要原因。最后本课再通过探究乙醇和氢气的燃烧反应、制取等内容，讨论燃料的选用，使学生进一步了解新能源的利用和开发。

本课的教学重点是了解燃料对环境的影响，学生懂得选择对环境污染较小的燃料并能认识到新能源开发的重要性。教学难点是了解燃料燃烧对空气造成污染的原因，知道选用燃料的依据，并能分析新燃料新能源的优点。

二、学习目标分析

1. 知识与技能

（1）了解使用氢气、天然气（或沼气）、石油液化气、酒精、汽油和煤等燃料对环境的影响，懂得选择对环境污染较小的燃料。

（2）认识新能源开发的重要性。

2. 过程与方法

（1）通过酸雨危害的模拟实验来培养学生的探究能力。

（2）通过对燃料的选用来培养学生比较、分类、归纳、概括等信息加工能力。

（3）通过讨论培养学生形成良好的学习习惯和学习方法。

3. 情感态度和价值观

（1）通过燃料对环境影响的学习来树立保护环境的意识，体会化学与社会发展的关系。

（2）通过实验和讨论来培养善于合作、勤于思考、严谨求实、勇于创新实践的科学精神。

三、学习者特征分析

本节课的学习者特征分析主要是根据教师平时对学生的了解而做出的。

(1) 学生是广东省佛山市第十二中学七年级的学生；

(2) 学生已经对燃烧和灭火、燃料和热量有所了解；

(3) 学生对化学实验很感兴趣，愿意自己探究；

(4) 学生自己设计实验的能力、进行分析归纳总结的能力还有待进一步加强。

四、教学策略的选择与设计

(1) 自主探究策略：学生通过自己独立探究发现一些有探究价值的问题，能比较清楚地表述所发现的问题，促进学生的深层次思维加工和认知结构的建立；

(2) 协作学习策略：通过小组协作讨论，制订实验方案，使学生在合作交流的过程中充分体验学习的成就感；

(3) 情境迁移策略：在完成课标要求的基础上，设置与社会生活紧密联系的问题情境，促使学生将所学知识迁移运用于社会生活、解决社会问题的能力。

五、资源

(1) 学生自备：植物叶子或果皮，金属粒或条（如铁、铝等），小石头粒。

(2) 教师准备：小烧杯，稀硫酸，一段关于燃烧的视频。

(3) 专门为本课准备的多媒体课件。

(4) 课室环境是多媒体大屏幕环境。

六、教学过程

教学步骤	学生活动设计	教师活动设计	设计意图
引导探究	从煤的成分推出燃烧产物，从二氧化碳与水反应生成酸推测二氧化硫形成酸雨	引导复习煤的知识，引入酸雨的形成	探究煤的燃烧形成的酸雨

（续表）

教学步骤	学生活动设计	教师活动设计	设计意图
实验探究	分组进行有关酸雨的探究实验，并开展讨论 P140 的“讨论”	指导实验，组织讨论，引导学生总结发言	探究酸雨的危害
引导探究（一）	从汽车用燃料的成分推出燃烧产物，分析尾气中的污染物	引导复习石油的知识，引入燃烧产物的探究	探究汽车用燃料的燃烧
引导探究（二）	从汽车用燃料的成分改良和充分燃烧的角度推测减少污染的方法	引导从燃烧的反应开展探究	探究减少汽车尾气对空气的污染
总结（一）	归纳总结化石燃料燃烧造成对空气污染的原因	引导从燃烧的反应总结归纳	了解燃料对环境的影响
引导探究（三）	从酒的酿制推出乙醇的可再生，从燃烧的反应推出其优点	引导从酒精的制备、性质来探究酒精	探究乙醇
引导探究（四）	说出应用的例子及优点	引导从乙醇燃烧的优点探究其使用	探究乙醇作燃料的情况
引导探究（五）	回忆氢气的性质推出氢气是最清洁的燃料，从制备考虑其应用前景	引导从氢气的性质制备来探究	探究氢气
讨论	从掌握的知识分组讨论 P143 的“讨论”	组织开展讨论，引导学生总结发言	确定选择使用的燃料
引导探究（六）	从掌握的知识描述知道的新能源	引导描述新能源	认识开发新能源的重要性
总结（二）	回忆归纳总结从本课题已掌握的知识	引导总结本课题内容要求	检查对知识的学习情况

七、教学流程图

教师活动	学生活动
引导探究煤燃烧的产物	从煤的成分推断燃烧带来的污染
↓	↓
引导探究酸雨的危害	实验探究酸雨的危害
↓	↓
引导探究汽车用燃料的燃烧产物	从成分推断燃烧带来的污染
↓	↓
引导探究减少污染的措施	从成分改良和充分燃烧推测方法
↓	↓
引导总结化石燃料燃烧污染原因	归纳总结原因
↓	↓
引导探究乙醇	从乙醇俗称研究制备及性质
↓	↓
引导探究乙醇的应用	归纳总结出使用乙醇的优点
↓	↓
引导探究氢气的优点	从性质和制备讨论作燃料的可行性
↓	↓
组织讨论燃料的选用	分组讨论各种燃料的优缺点
↓	↓
引导探究新能源	描述已知的新能源
↓	↓
引导总结本课题应知道的知识	归纳总结上述重点内容

八、作业

完成P146的习题3、4；选做习题1、2、5、6，提高知识的掌握程度，本周末开展进行P145的“调查与研究”作为继续深入的学习。

2. 收集素材（包含处理素材）

根据教学设计中媒体选择部分收集需要的多媒体素材。教师可以从本地资源库或互联网上查找所需的素材，并确认找到的素材是否符合要求。如果找到的素材进行简单处理后，就可使用，需要进一步对素材进行处理；如果符合要求，就没有必要进行处理了。

3. 确定课件的结构

根据教学设计方案，确定课件的结构。如图 5 –5 所示，这就是整个课件的蓝图。

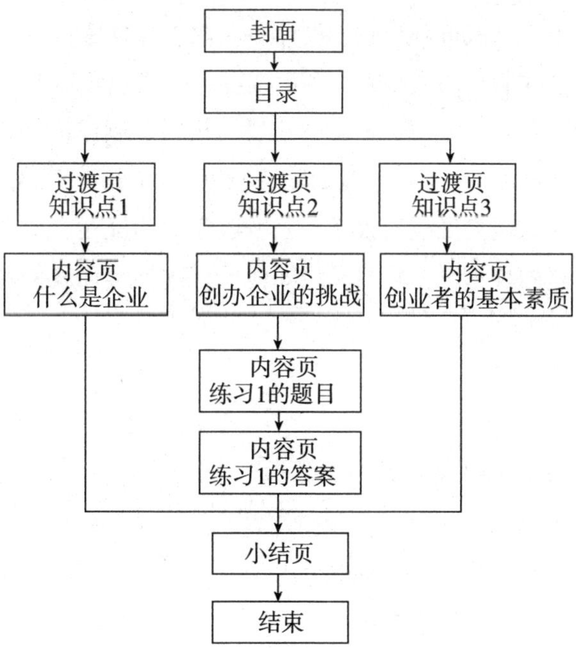

图 5 –5　课件的结构图

4. 制作课件

根据教学设计，分析课件在其中起的作用，选择适当的开发工具，开发符合教学设计要求的课件。如果是一个演示型课件，可使用 PowerPoint

或 WPS 演示软件开发；如果是一个交互型课件，可能要考虑使用 Flash 或 Author 软件开发；如果是网络型课件，可考虑使用 FrontPage 软件开发。授课教师可根据课件类型、自身的技术能力选择合适的开发工具来开发课件。课件开发完成后，在教学实施前要整体运行几次；发现问题，进行修正，直到满意为止。

5.3　演示文稿的设计与制作

演示文稿是广大教师最常使用的多媒体课件的形态，特别是在以教为主的教学工程中。一般可分为教学设计→获取多媒体素材→多媒体素材的处理→演示文稿的制作四大步骤。下面就以制作“创业培训：第一章 什么是企业”为例，使用 PowerPoint 2013 软件，说明其制作过程。

怎样才能将演示的内容有效地组织起来制作完成一个课件呢？我们使用这一课件要完成两类班级的教学，一类教学时间充足，而另一类时间比较紧张。面对这两种情况，我们又该如何处理呢？下面我们就创业方面的内容，来讲解一下。

操作步骤

1. 构思，确定整个演示文稿的结构

在开始动手制作 PPT 之前，我们首先做的工作是构思。对于教学课件而言，应该先研究教学内容，确定先讲什么后讲什么，以及如何讲（如举例子还是讨论）。然后确定整个演示文稿的结构，这时我们可以暂时离开电脑，用纸画一画。

我们的课件题目是“将你作为创业者来评价”，绘制了如图 5 - 5 所示的结构图。

封面即标题页，主要呈现演示内容的标题，标题一般用大而醒目的字体；目录页，主要呈现演示内容的目录列表，目的是让学生提前知道整个

演示文稿的内容组成；过渡页，位于目录页和内容页之间，起着承上启下的作用，一般放置知识点的名称；内容页，也就是主要承载具体知识的页面，一般信息量大、形式变化也最多，需要根据承载的具体知识，确定其呈现方式（如用文本或图像等）和布局方式；小结页，就是对本讲的内容做了总结，进一步阐明观点；结束页，就是文稿的最后一个页面，一般显示大大的“谢谢”或联系方式等。

2. 制作各内容页

打开新建演示文稿，选择一个模板，制作各内容页面，如图 5－6 所示。

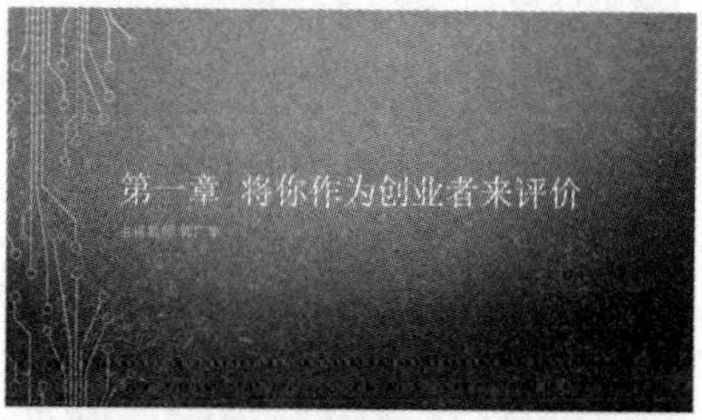

第 1 页 封面

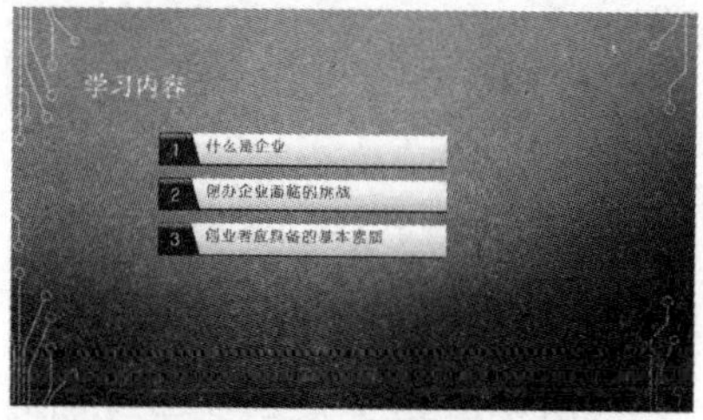

第 2 页 目录

第 3 页 过渡页（知识点 1）

第 4 页 内容页（什么是企业）

第 5 页 过渡页（知识点 2）

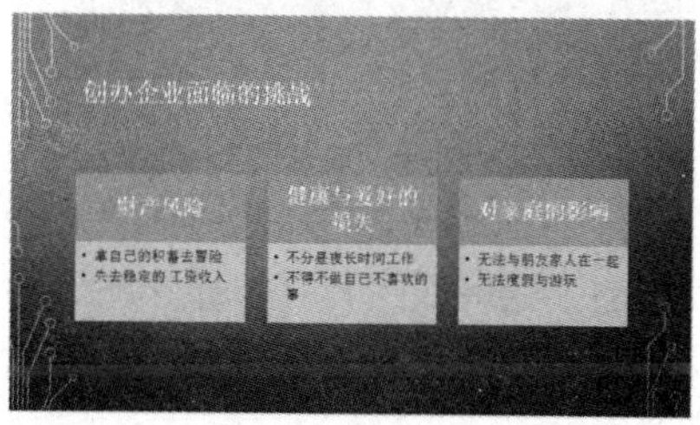

第 6 页 内容页（创办企业的挑战）

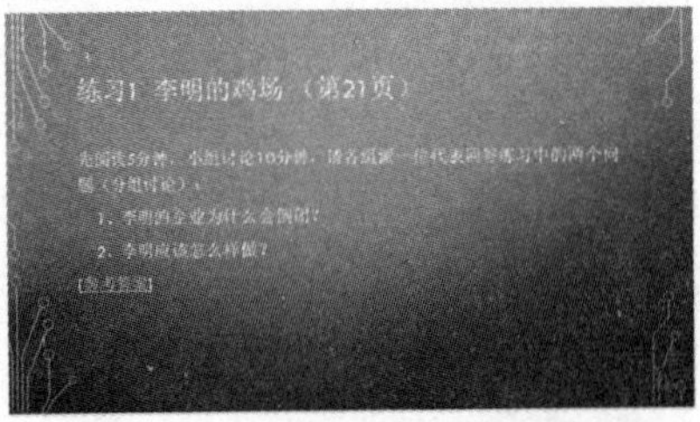

第 7 页 内容页（练习 1 的题目）

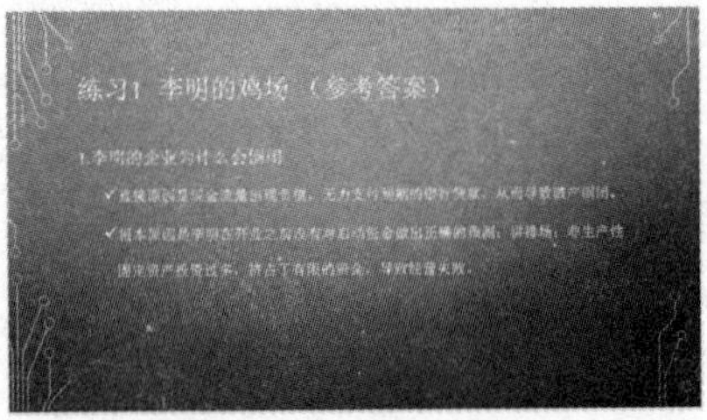

第 8 页 内容页（练习 1 答案：第 1 页）

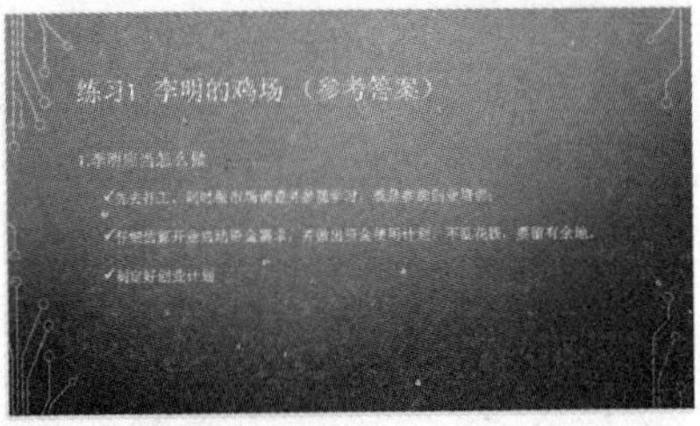

第 9 页 内容页（练习 1 答案：第 2 页）

第 10 页 过渡页（知识点 3）

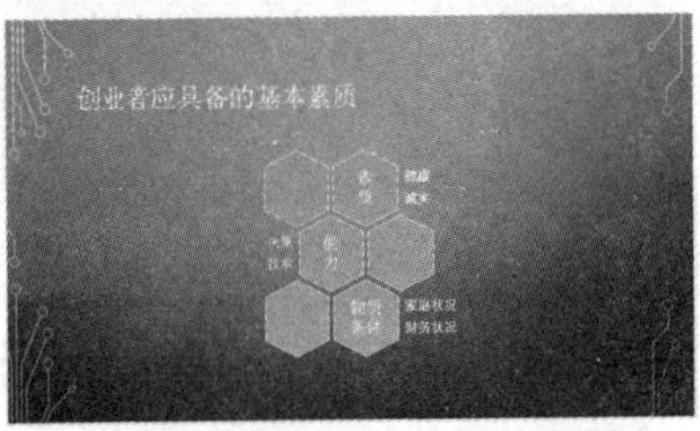

第 11 页 内容页（创业者的基本素质）

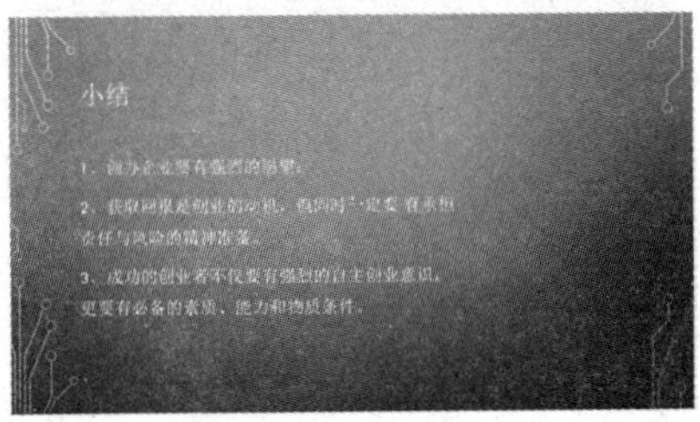

第 12 页 小结页

第 13 页 结束页

图 5－6　演示文稿各内容页面

注：第 2 页的目录来自从互联网上下载的目录样式；第 6 页内容页（创办企业的挑战）和第 11 页内容页（创业者的基本素质）的主体部分使用了 SmartArt 图形。

3. 设置切换效果

打开工具栏“切换”，选择一种切换效果，如“传送带”，再点击“效果选项”，在下拉列表中选中“从右侧”。点击“全部应用”，这样所有的幻灯片都使用了“传送带”这样的切换效果，如图 5 -7 所示。点击“预览”，就可以显示播放时的效果了。

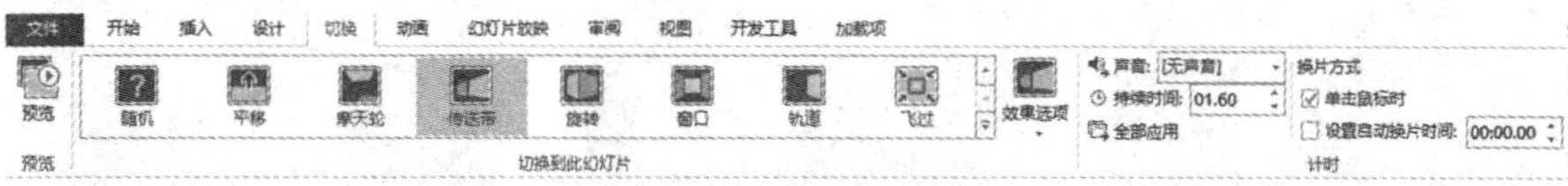

图 5 -7　设置切换方式

4. 设置放映方式

考虑到练习 1 的答案有时候不需要呈现，所以把练习 1 的答案这两张幻灯片放在结束页后面。如果需要呈现，就点击“第 7 页内容页（练习 1 的题目）”幻灯片上的“参考答案”，答案呈现结束后，再点击鼠标，直接返回到“第 7 页内容页（练习 1 的题目）”幻灯片。

（1）调整幻灯片的位置。

切换到幻灯片浏览视图：点击最下方状态栏上的  按钮，这样就在窗口中可以显示多张幻灯片了。然后缩小显示比例，点击几次  的“ - ”号，缩到合适的比例就可以了。

选中第 8 张幻灯片，按下 Ctrl 键，再点击第 9 张幻灯片，这样练习 1 的答案这两张幻灯片就都选中了，使用鼠标拖放操作把它们放到最后一页（即结束页）之后，这样练习 1 的答案这两张幻灯片就被移至结束页之后，结束页就成了第 11 页了，如图 5 -8 所示。

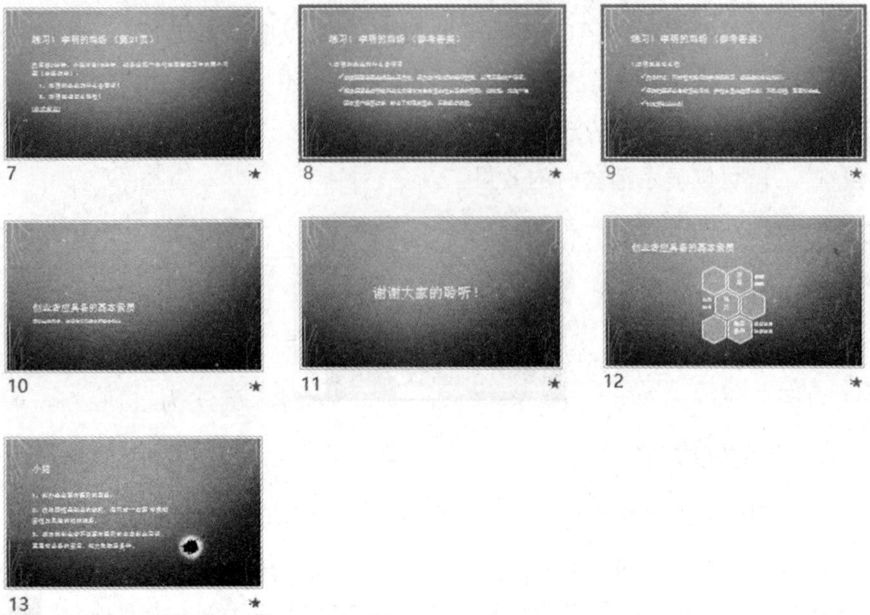

图 5 -8　幻灯片浏览视图

（2）将答案页编成一组。

打开工具栏“幻灯片放映”，点击“自定义幻灯片放映”，如图 5 -9 所示。

图 5 -9　幻灯片放映工具栏

出现“自定义放映”对话框，点击“新建”按钮，如图 5 -10 所示。

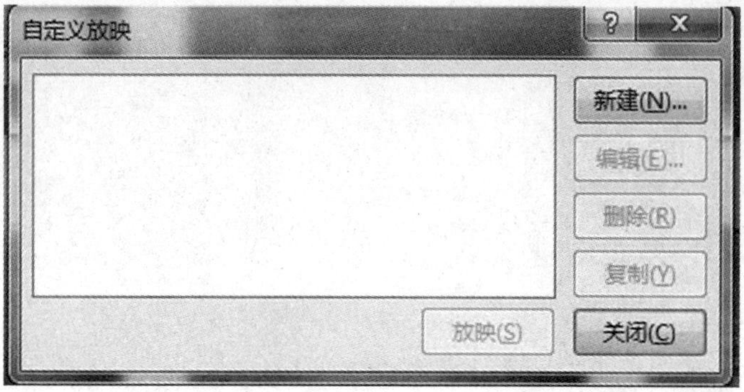

图 5－10 “自定义放映”对话框

出现“定义自定义放映”对话框，幻灯片放映名称修改为“练习 1 答案”，勾选对话框左侧的第 12 和 13 的复选框，然后点击“添加”按钮，最后点击“确定”，这样“练习 1 答案”那两张幻灯片就变成了一组，如图 5－11 所示。

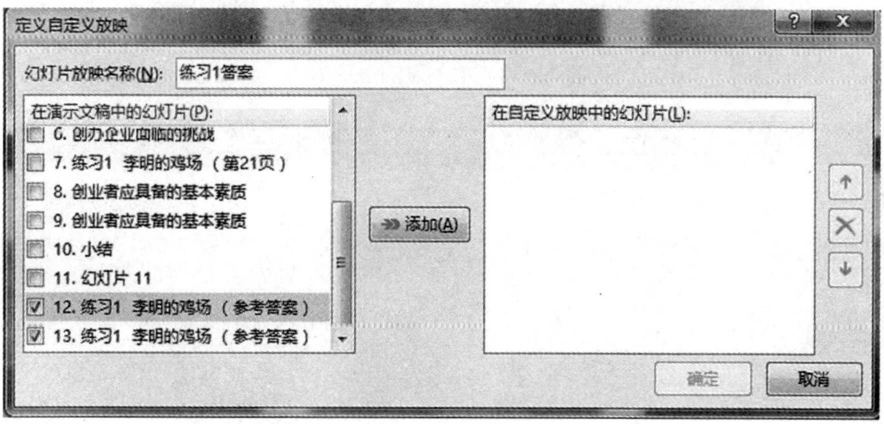

图 5－11 “定义自定义放映”对话框

（3）设置超链接。

编辑第 7 张幻灯片，选中其中的“参考答案”这几个字，点击右键，在弹出菜单中选择“超链接”，出现“插入超链接”对话框，如图 5－12 和图 5－13 所示。

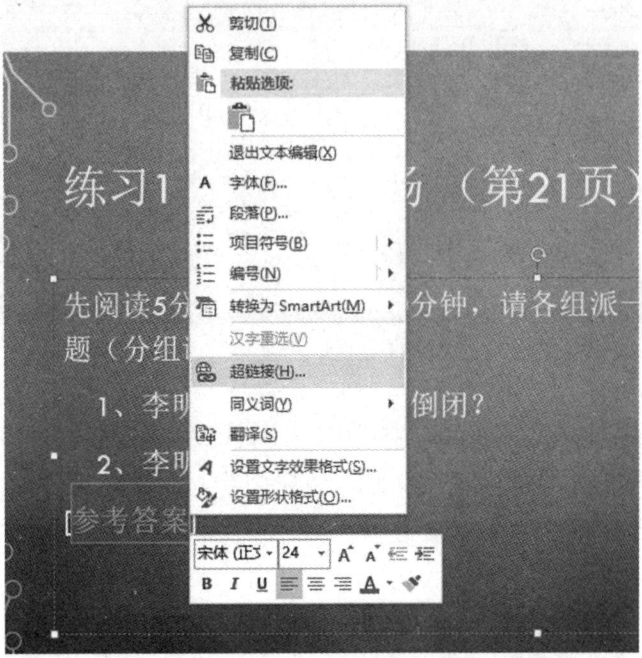

图 5－12　插入超链接菜单

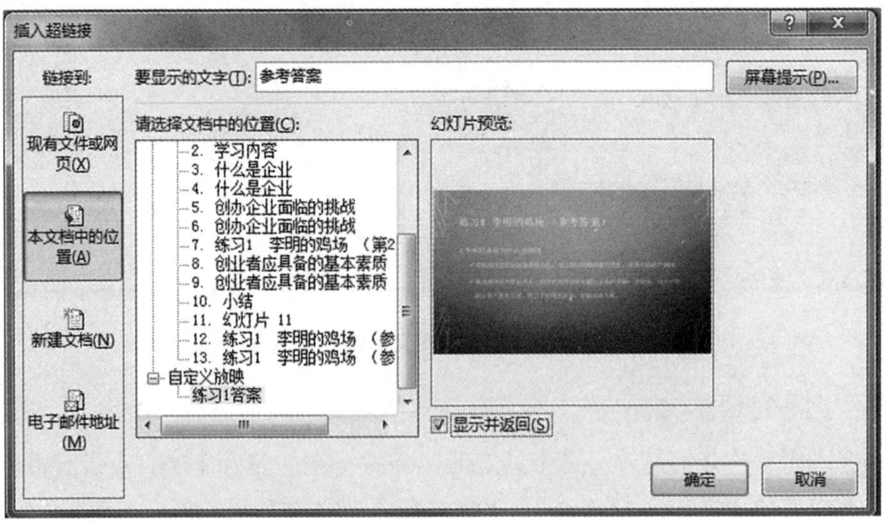

图 5－13　“插入超链接”对话框

在“插入超链接”对话框中，选择左侧的“本文档中的位置”，在“请选择文档中的位置”区域中，选择自定义放映中“练习1答案”。勾选“显示并返回”复选框，最后点击“确定”。

（4）设置放映方式。

打开工具栏“幻灯片放映”，选择“设置幻灯片放映”，打开“设置放映方式”对话框，如图5－14所示。

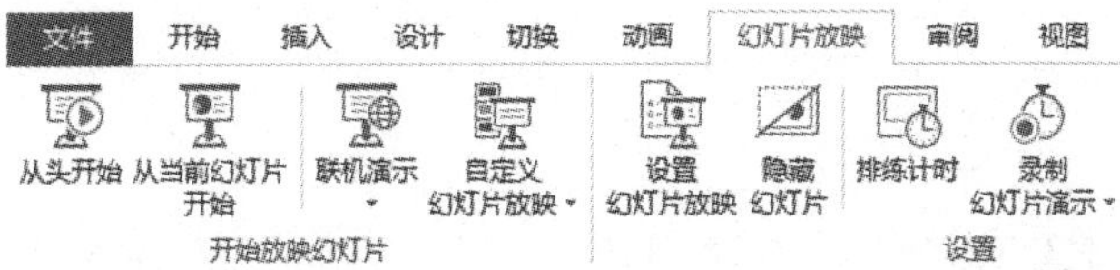

图5－14　幻灯片放映工具栏

在“设置放映方式”对话框中，右侧的“放映幻灯片”选择“从到”，设置为1到11，这样幻灯片放映范围就是第1～11张了，到了结尾页（第11页），再点击鼠标就放映结束了，如图5－15所示。

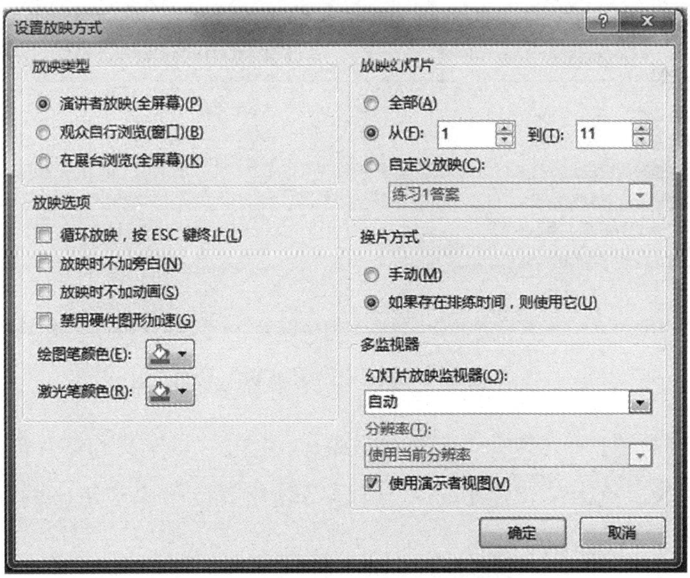

图5－15　“设置放映方式”对话框

放映时，点击左上方的，幻灯片就从第 1 张开始放映了。

5. 设置自定义放映方式

第 4 步已经完成了时间宽裕情况下的幻灯片放映设置。另一类时间比较紧张情况下，设置幻灯片按如下步骤完成，设置方法和第 4 步②部分相似。

打开工具栏“幻灯片放映”，点击“自定义幻灯片放映”。出现“自定义放映”对话框，点击“新建”。出现“定义自定义放映”对话框，幻灯片放映名称修改为“快速串讲”，将对话框左侧的第 1（标题页）、第 2（目录页）、第 4 页（知识点 1 内容页）等主要幻灯片的方框勾选，然后点击“添加”，最后点击“确定”，这样“快速串讲”自定义放映就完成了，如图 5－16 所示。

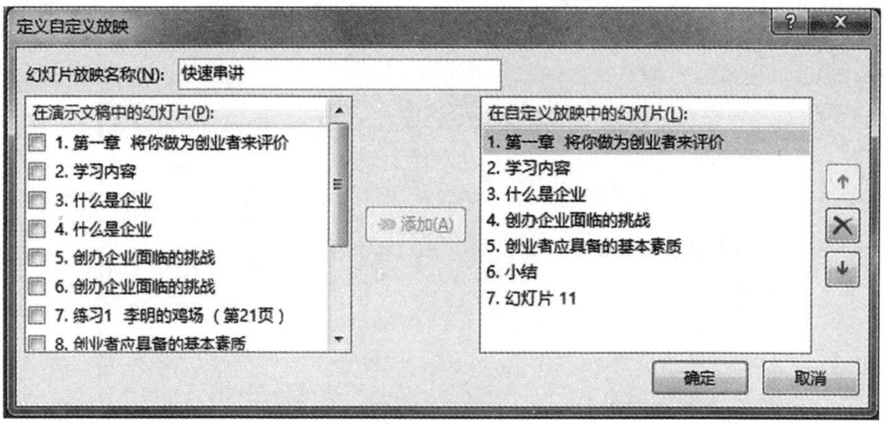

图 5－16 “定义自定义放映”对话框

放映时，打开工具栏“幻灯片放映”，点击“自定义幻灯片放映”，出现下拉列表，点击“快速串讲”，这样幻灯片就按第 5 步定义的顺序播放了，如图 5－17 所示。

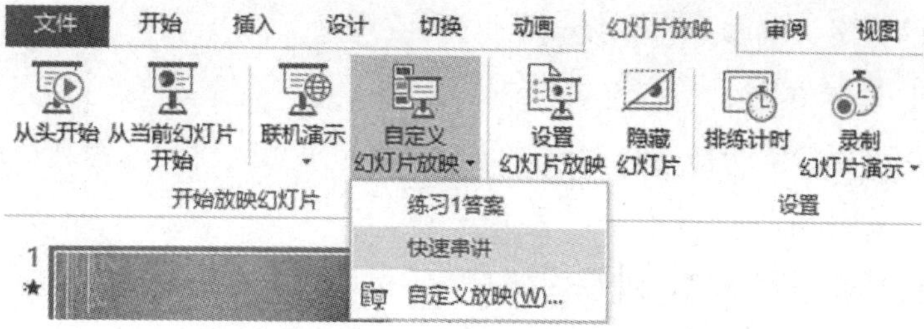

图 5－17　自定义放映

5.4　微课程的设计与制作

什么是微课呢？关于微课的定义很多。概括起来简单地讲，微课是指时间在 10 分钟以内，有明确的教学目标，内容短小，集中说明一个问题的小课程。从教学内容的角度讲，微课是以一个知识点或技能点为教学内容的，这个知识点可以是学科知识点、例题、习题、疑难问题、实验操作等，也可以是延伸到某个教学主题的环节、活动等；现实中，微课又是以微视频形式出现的，是一套以微视频为核心，辅之以相应的教学资源与学习支持的学习资源。因此，微课亦属于课件的范畴。

5.4.1　微课程的设计与制作的基本步骤

微课程的设计与制作有许多种方法，不同的方法需要的设备，以及对教师的技术能力要求也不一样。但总体来说，这项工作包括两个步骤：第一步，选择微课程主题，进行详细的教学设计，形成教案；第二步，微课的制作。

5.4.2　微课程制作的常用方法

1. 智能手机拍摄法

（1）设备配置。

可进行视频摄像的智能手机一台、几支不同颜色的笔、一沓白纸、相关主题的教案、电脑一台、视频编辑软件一套。

（2）基本方法。

使用可摄像的智能手机对纸笔结合演算、书写的教学过程进行录制。

（3）制作流程。

①选择微课程主题，进行详细的教学设计，形成教案。

②用笔在白纸上展现教学过程，边演算边讲解。

③进行视频编辑，添加字幕和美化，生成微课程视频。

2. 录屏软件录制法

（1）设备配置。

电脑一台、麦克风一个、录屏软件、PPT 课件。

（2）方法。

对 PPT 演示进行屏幕录制，辅以录音和字幕。

（3）流程。

①选定教学主题，收集教学材料和多媒体素材，制作 PPT 课件。

②执教者调出要讲解的 PPT 课件，戴好耳麦，调整好话筒的位置和音量，点击“录制”按钮，开始录制。按照教案，执教者一边进行各种操作，一边讲解。

③对录制的微课程用视频软件进行适当的编辑和美化。

3. 手写板或交互白板、专业录屏软件制作法

（1）设备配置。

PC、带话筒耳麦一个、手写板或交互白板一块、屏幕录像软件、演示软件（PPT、绘图软件、几何画板）。

（2）基本方法。

通过手写板或交互白板，用演示软件对教学过程进行讲解演示，并使用屏幕录像软件录制。

（3）制作流程。

①选择微课程主题，进行详细的教学设计，形成教案。

②安装手写板或交互白板及其配套的专用笔等工具，与电脑连接，使用演示软件对教学过程进行演示。

③利用交互白板或手写板自带摄像软件或专业录屏软件，录制教学过程和教师的声音。

④为增强微课程视频效果，用视频软件进行适当的编辑和美化。

4. 数码摄像机拍摄法

（1）设备配置。

数码摄像机、黑板、粉笔、其他教具。

（2）基本方法。

对教学过程录像。

（3）制作流程。

①利用黑板展开教学过程，用数码摄像机实时记录课堂教学过程中的教师、学生、板书、多媒体教学信息等教学实景。

②对视频进行后期的编辑制作和美化。

5. 软件合成式

将设计制作的教学动画（Flash、GIF 动画课件）输出合成视频格式；或通过自动播放的方法内录 PPT 内容（声音可提前录制也可在播放时同时讲解录制）；或网上下载视频；或平时教学录像进行编辑合成微课程视频。

5.4.3 屏幕录制工具的使用

下面以 Snagit 软件（图 5 – 18）为例，说明屏幕视频的录制过程。

（1）打开 Snagit 软件，在右侧的预设方案中选择“录制屏幕视频”，然后点击下方的红色按钮。

（2）屏幕出现“Snagit 视频捕捉”对话框，开始播放 PPT 课件；然后点击对话框中的“开始”按钮，就开始捕捉了，如图 5 – 19 所示。

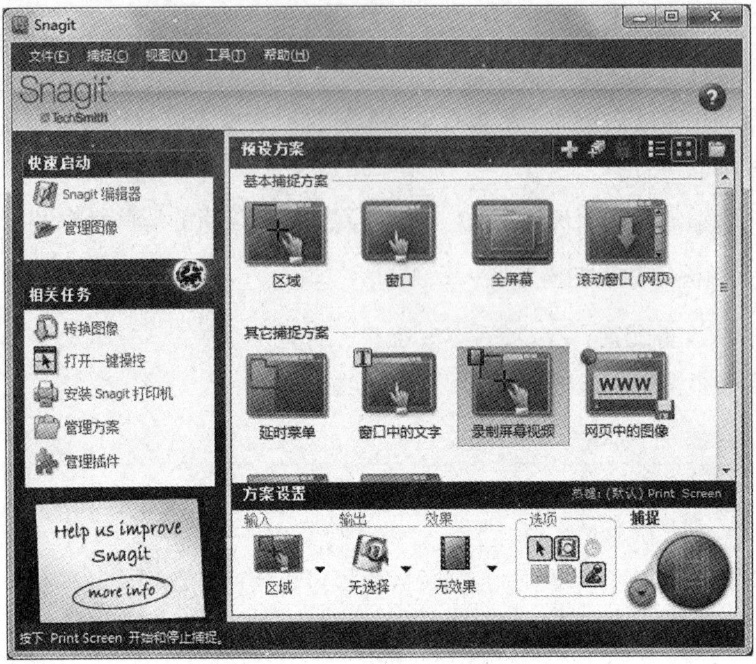

图 5－18　Snagit 软件主界面

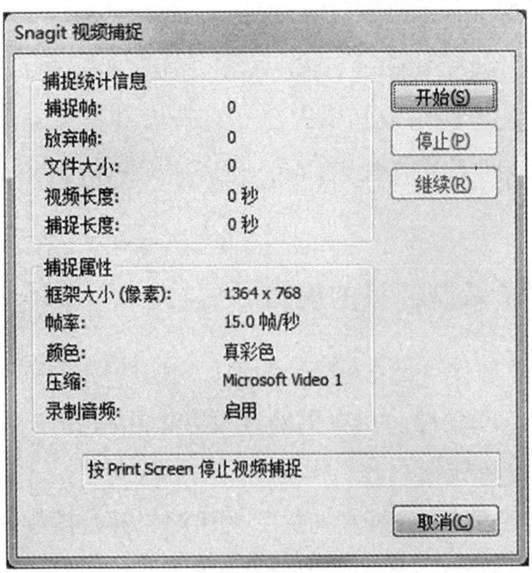

图 5－19　"Snagit 视频捕捉"对话框

（3）录制完成后，按下 PrintScreen 键，出现“Snagit 视频捕捉”对话框，点击“停止”按钮，这时整个录制就结束了，如图 5－20 所示。

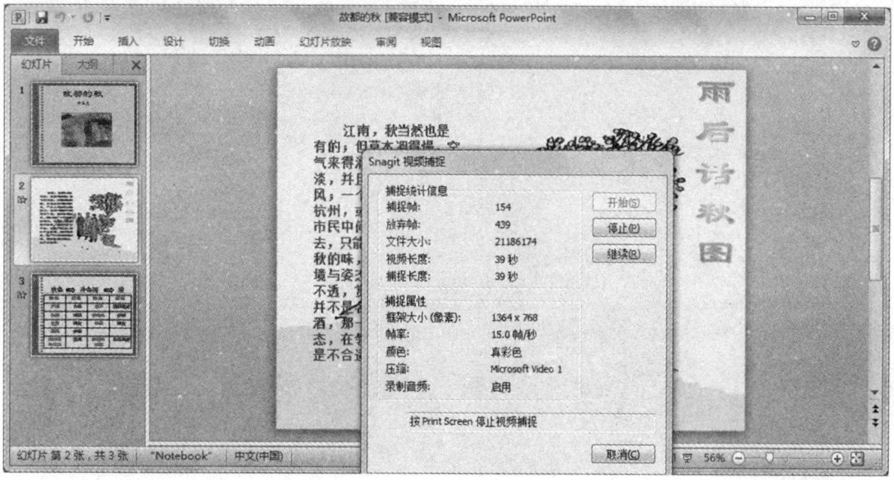

图 5－20　录制界面

（4）自动打开了 Snagit 编辑器软件，点击如图 5－21 所示左上角的“保存”按钮，出现“另存为”对话框（图 5－22）；选择保存的文件夹，输入保存的文件名，最后点击“保存”按钮。

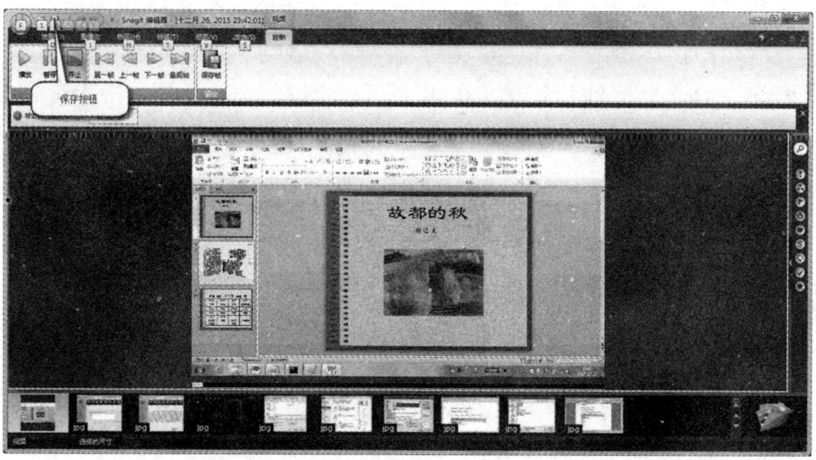

图 5－21　Snagit 编辑器界面

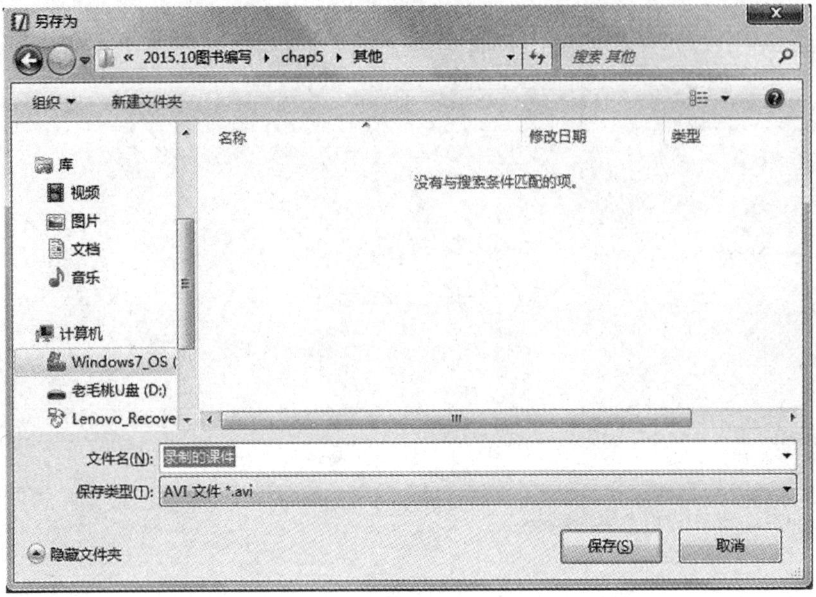

图 5－22　“另存为”对话框

5.4.4　微课程制作中的后期编辑和格式转换

微课程的表现形式是一个短小的视频，因此在微课制作的最后一个阶段都需要使用视频编辑软件进行编辑和处理以及视频格式的转换。

微课一般要上传到特定平台，不同平台对视频格式的支持程度不同。这就要求在视频发布前，了解平台支持的视频格式。这样，教师就可以使用视频后期处理软件直接输出为支持格式，直接上传即可。如果视频后期处理软件不能直接输出支持格式，首先视频后期处理软件直接输出 AVI 格式，然后再通过格式转换软件（如格式工厂）将 AVI 格式的文件转换为相应的支持格式。

可用于视频后期处理的软件有许多，如专业非线性编辑软件 Adobe Premiere，面向普通用户的会声会影、Windows 自带的视频处理工具 Windows Movie Maker（WMM）等。

Windows Movie Maker（以下简称 WMM）是 Windows 自带的视频制作工具，是一款很适合于家庭和个人的视频编辑软件，是一款简易非线性编辑软件。可以制作、编辑及分享微课，并新增特殊效果、音乐及旁白等。点击“开始→程序→Windows Movie Maker”即可打开。WMM 的界面大致可以分为五个主要部分：菜单栏、电影任务区、素材预览区、视频预览区和编辑区，如图 5－23 所示。

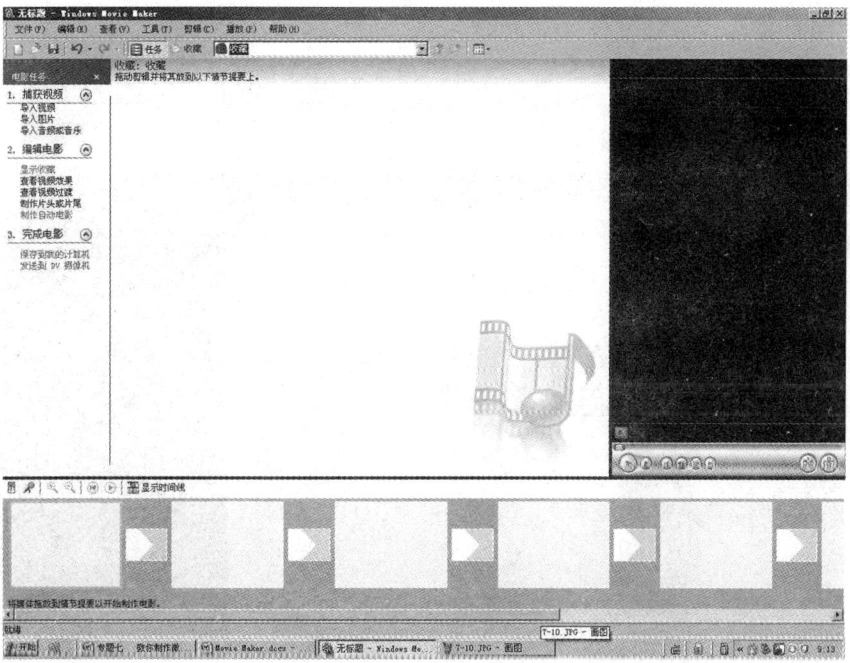

图 5－23 WMM 界面

最左边是“电影任务”区，中间部分是用来存放捕获素材的“收藏”区，右侧则是预览区，下方是“显示时间线”编辑区，用户可将素材、特效、过渡、配音等项目放在这里，根据脚本设计灵活安排。在电影任务区基本上包含了菜单栏中的命令，大部分操作都可以在这里进行。

制作视频时，通过以下几个简单步骤即可轻松完成。下面以 Windows Movie Maker 2.6 为例简要介绍视频的编辑过程。

1. 导入素材

微课编辑的素材收集是一个前期准备的重要过程，它包括视频文件、图片文件声音和音乐等，这些都需要先准备好。

在制作微课之前，首先需要先导入到素材区，以方便编辑时选用。在 WMM 主界面上切换至“任务区”，准备导入不同的素材。除了从 DV 机捕获影片外，WMM 也能导入其他素材，包括多种格式的影音文件、静止图片文件、音频文件（如 mp3、wav）。具体方法是点击界面左边“电影任务”区域的“导入视频”选项，再选中相应文件夹的影像文件，如图 5－24 所示。

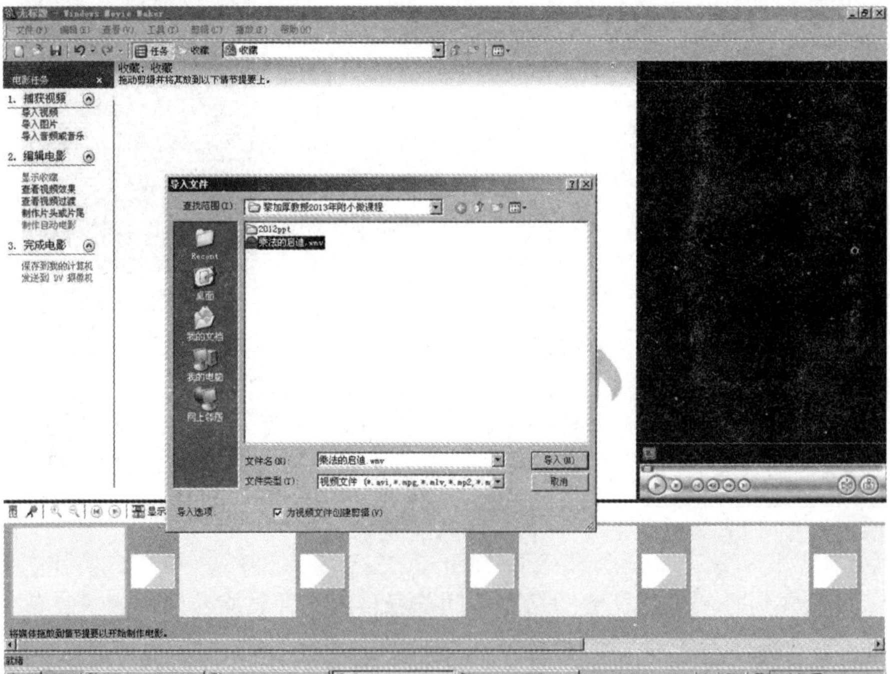

图 5－24　导入视频

对于素材中多余的视频可以进行删除：在视频预览区右下角点击“视频拆分”按钮，可以看到在编辑区自动将视频文件拆分为两个视频，将不需要的视频删去即可，如图 5－25 所示。导入内容软件支持的格式有：视频文件（如 . asf、. avi、. wmv）、音频文件（如 . wav、. snd、. au、. aif、. aifc、. aiff）、Windows Media 文件（如 . asf、. wm、. wma、. wmv）、静止图像（如 . bmp、. jpg、. jpeg、. jpe、. gif）、格式音频（如 . aif、. aifc、. aiff、. asf、. au、. mp2、. mp3、. mpa、. snd、. wav、. wma）。WMM 不支持 . rm 与 . rmvb 格式。

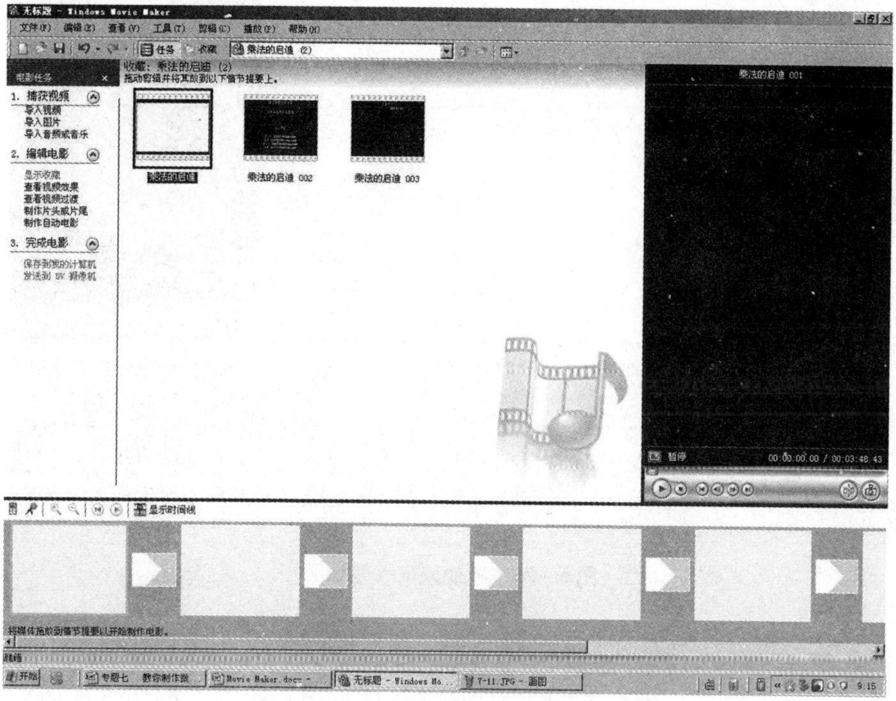

图 5－25　视频导入后的界面

2. 视频编辑

素材准备好后，可以动手编辑微课了。在 WMM 中编辑视频，大部分工作都是在拖曳中完成的。在素材区选中一个视频或者图片文件，用鼠标左键按住不放将它拖到编辑区的方格中，然后松开鼠标，按照此方法将准备的视频文件全部拖入编辑区。

WMM 有两种工作模式，分别是“情节提要”模式（图 5 - 26）和“时间线”模式。

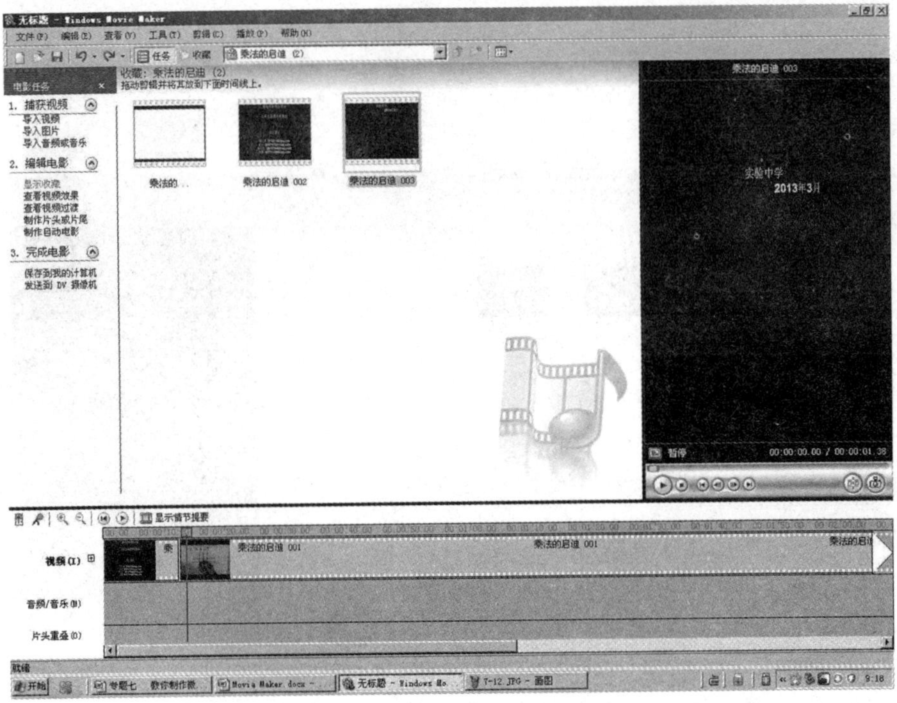

图 5 - 26　将视频拖入编辑区

用户可以在主界面下方进行切换。由于时间线模式能够让用户了解所有素材、过渡、效果等之间的时间及次序关系，因此一般用户都喜欢采用时间线模式。使用鼠标在片段的开始或结尾点击并拖曳，就可以改变片段的播放时间。例如将一个 30 秒的片段缩短成 20 秒，则尾部的 10 秒将被删掉。对于个人用户来说，“情节提要”模式则易于理解。在收藏区选中一个素材并点击鼠标右键，再点击“属性”选项，即可查看该素材的信息，如图 5 - 27 所示。

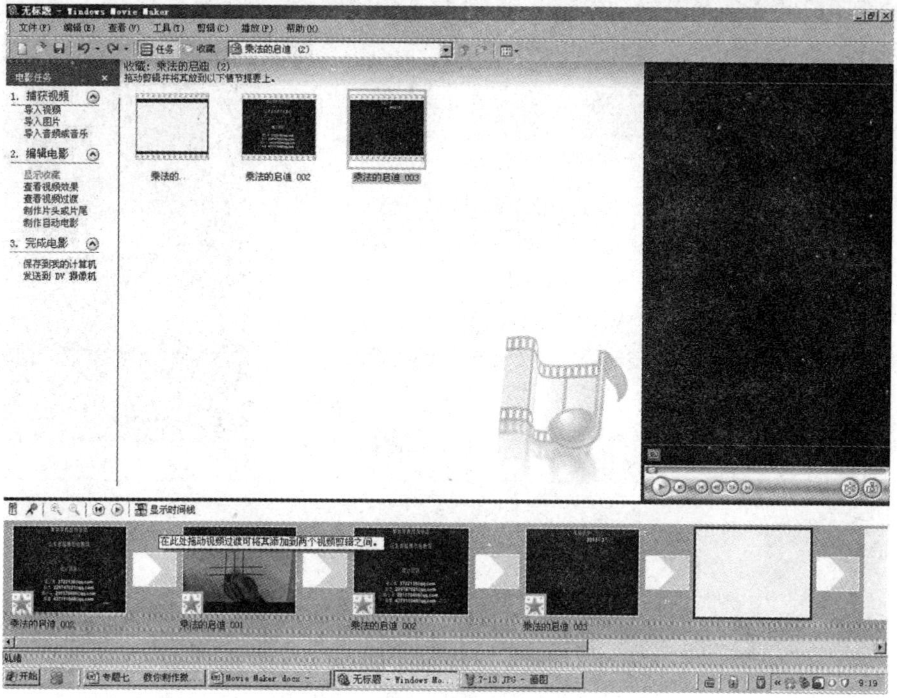

图 5－27　“时间线”模式

3. 视频效果

为了使微课的画面更丰富，可以为微课素材增加一些视频效果。视频效果包括画面本身的变化、旋转、模仿旧电影胶片、色调变化等。用户可根据喜好进行挑选。方法是在时间线上选择指定微课段落并点击鼠标右键，然后在弹出的菜单中选择“视频效果”。在随后弹出的窗口中，左方列出了所有可用的效果，选中后点击“添加”按钮便可加入到微课片段中，也可以直接将该效果图标拖到视频上，如图 5－28 所示。

图 5－28 添加视频效果

4. 过渡效果

WMM 提供了多种视频过渡效果，过渡控制微课从一个视频剪辑或图片进入下一个视频剪辑或图片的方式。可以在“情节提要”时间线上以任意组合在两个图片、视频剪辑或片头之间添加过渡。

在编辑区我们可以看到在大方格旁边有个小方格，这个小方格的设置就是供增加过渡效果用的。

具体操作是：在“电影任务”窗格中的“编辑电影”下，点击“查看视频过渡”；在素材预览窗口中选择一个视频过渡效果，将它拖到编辑区的小方格里，两个视频间的过渡效果就完成了。可以点击一下视频预览窗口下的播放按钮，看看添加的效果，如图 5－29 所示。

图 5－29 添加过渡效果

5. 添加字幕

WMM 提供了多种字幕制作方法，字幕可以添加在整个课件的开头或结尾，也可以添加在每个小剪辑的前面或后面，还可以与视频剪辑融合，添加在视频画面之上。

在软件的功能界面“电影任务”区中点击“编辑电影→制作片头或片尾”，在随后出现的菜单中，用户可以根据需要选择字幕加在什么位置。以制作“片头”为例，在电影开头处加上片头，然后在文字框中输入片头文字内容即可。WMM 提供了各种片头动画效果，包括滚动透视效果、爆炸式外形轮廓等数十种，还可以更改文本字体或者颜色。此外，还可以“在电影结尾添加片尾”，这部分采用的是固定的表格形式，表格左侧是人员职位，在字幕中以较小字体显示出来；右侧是演员名单，用户逐一输入即可，如图 5－30 所示。

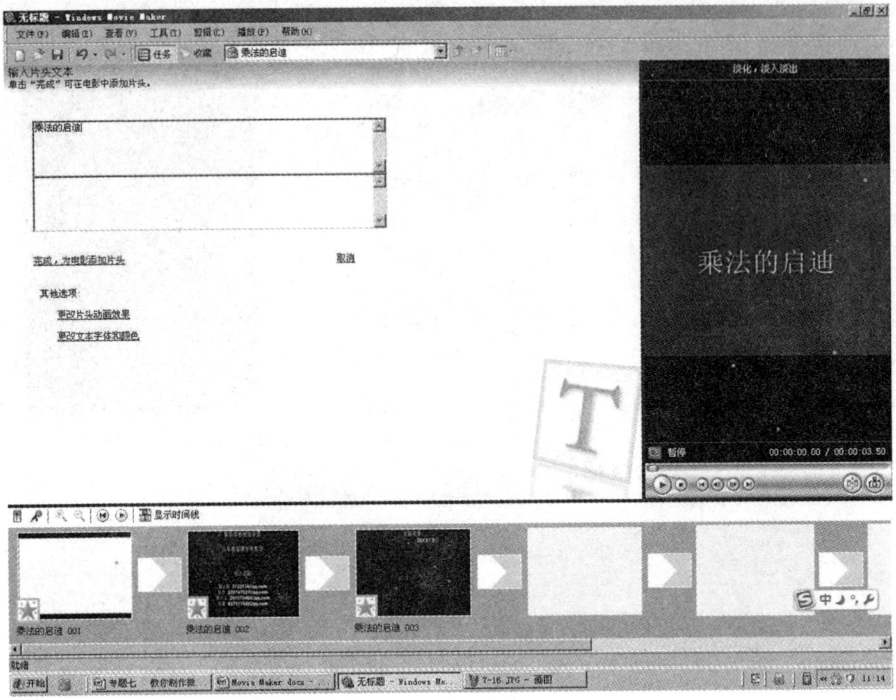

图 5-30　添加字幕

6. 添加声音

对现成的音频文件，可以将其导入收藏，然后拖入时间线的“音频/音乐”轨，并移到合适位置。播放时，声音会自动与相应位置上的视频剪辑相融合。在时间线模式中，图像画面与音频是同步显示的。在时间线的“音频”栏上点击鼠标右键就会弹出音频设置菜单。用户可以针对个别片段的音频，增减音量以取得平衡，也可以为片段添加特殊的音频效果。用户只要将音效素材直接从收藏区拖到“音频/音乐”轨即可，如图 5-31 所示。

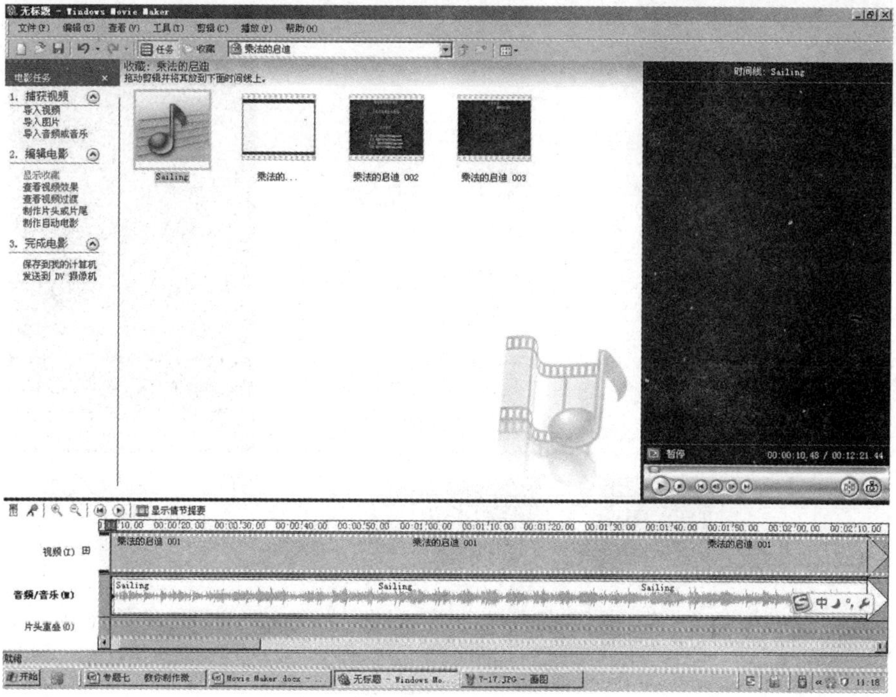

图 5-31 添加声音

用户也可以根据需要自己录制，可点击工作区左上角的“旁白时间线”按钮，然后录制。

7. 输出视频

微课编辑完后，就可以准备输出最终视频成果了。点击程序主界面中的“电影任务→完成电影”，可以完成微课视频的输出。输出方式包括：保存到电脑、保存到光盘、以电子邮件传送、传送到网络中的影音服务器以及传送到 DV 摄像机等，如图 5-32 所示。

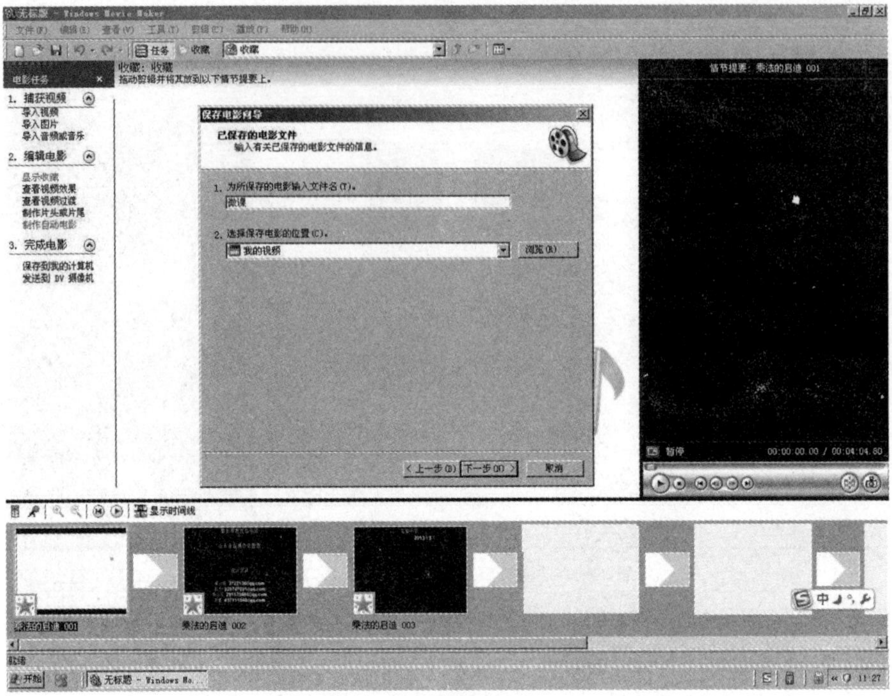

图 5 - 32　输出微课视频成果

5.5　电子书的设计与制作

电子书，目前国内学术界以及社会各界初步认定为：“电子书代表人们所阅读的数字化出版物，从而区别于以纸张为载体的传统出版物，电子书是利用计算机技术将一定的文字、图片、声音、影像等信息，通过数码方式记录在以光、电、磁为介质的设备中，借助于特定的设备来读取、复制、传输。”

电子书的主要格式有 PDF、EXE、CHM、UMD、PDG、JAR、PDB、TXT、BRM 等，目前很多流行移动设备都是支持其阅读格式的。手机终端常见的电子书格式为 UMD、JAR、TXT 这三种。电子书的格式不同，制作方法也大不相同，一般都要使用相应的软件才能完成。下面就以 PDF 电子书为例，说明其制作过程。

PDF 电子书的制作一般分为两个步骤：①使用文字排版软件 Word 创建一个文档，并输入相关文字或插入图片等，并进行排版；②将其保存或转换为 PDF 格式。使用 Word 软件排版，此处就不再赘述。下面主要介绍一下保存或转换为 PDF 格式的基本方法。不同版本的 Word 软件对 PDF 格式的支持程度不同，下面就以两个典型的版本为例，说明其处理方法。

5.5.1 使用 Word 2003 制作电子书

Word 2003 不能直接另存为 PDF 格式，需要另外安装 Adobe Acrobat 软件。安装 Acrobat 后，如图 5 – 33 所示，Word 在菜单栏上就会出现“Adobe PDF”菜单项。具体有以下两种方法。

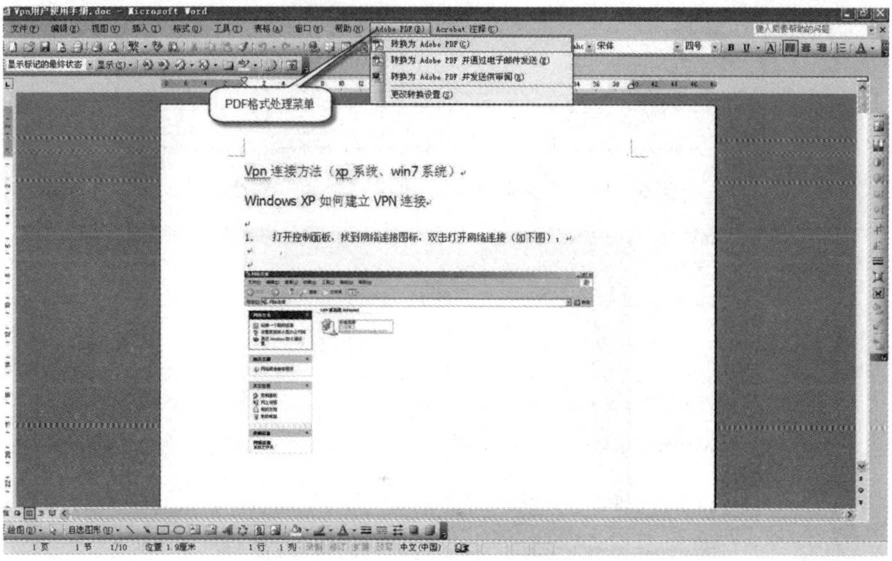

图 5 – 33 Word 2003 界面

1. 方法一

（1）电子书在 Word 软件中完成排版后，点击“Adobe PDF”→“转换为 Adobe PDF”。

(2) 出现“另存 Adobe PDF 文件为”对话框（图 5－34），选择保存的文件夹，输入保存的文件名，点击“保存”按钮；开始自动转换 PDF 工作，经过一段时间后，自动使用 Acrobat 软件打开转换后的 PDF，如图 5－35 所示。

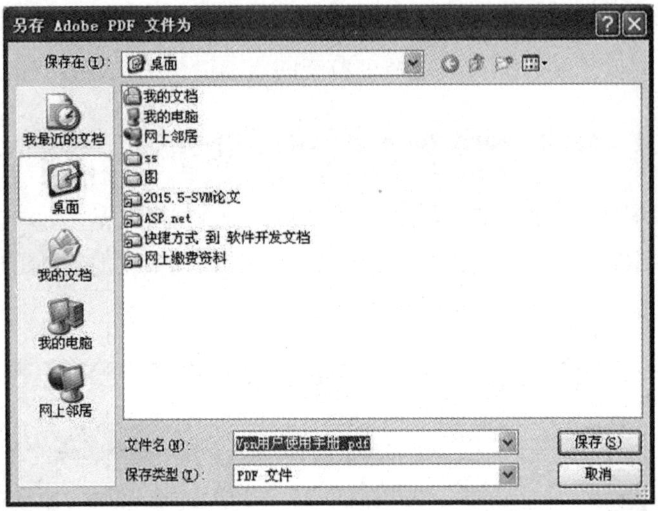

图 5－34 “另存 Adobe PDF 文件为”对话框

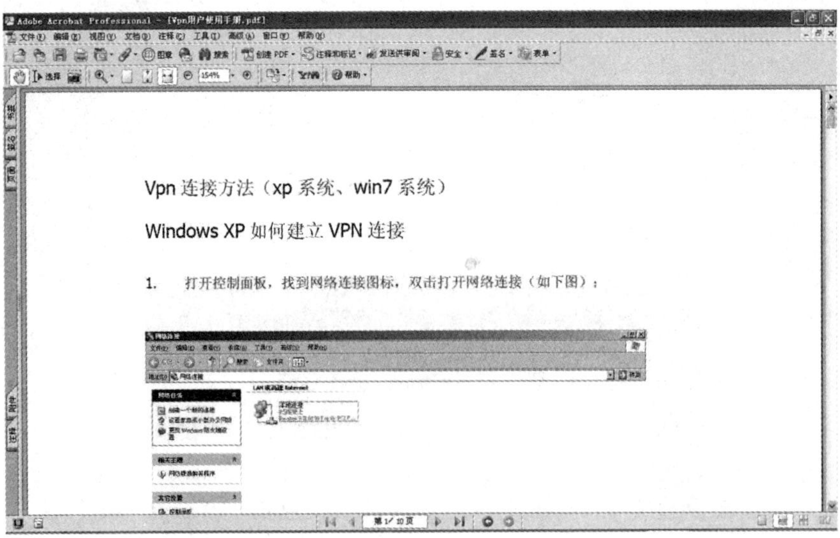

图 5－35 Acrobat 软件界面

2. 方法二

（1）电子书在 Word 软件中完成排版后，点击“文件”→“打印”。

（2）出现“打印”对话框，如图 5－36 所示，选择“Adobe PDF”打印机，点击“确定”按钮。

图 5－36 “打印”对话框

（3）出现“另存 Adobe PDF 文件为”对话框，选择保存的文件夹，输入保存的文件名，点击“保存”按钮；开始自动转换 PDF 工作，经过一段时间后，自动使用 Acrobat 软件打开转换后的 PDF。

5.5.2 使用 Word 2010 制作电子书

Word 2010 软件可以直接另存为 PDF 格式，不需要安装其他软件。

具体步骤

（1）电子书在 Word 软件中完成排版后，点击菜单栏的“文件”→“另存为”，如图 5－37 所示。

（2）出现“另存为”对话框，选择保存的文件夹，输入保存的文件名，点击“保存”按钮，如图 5－38 所示。

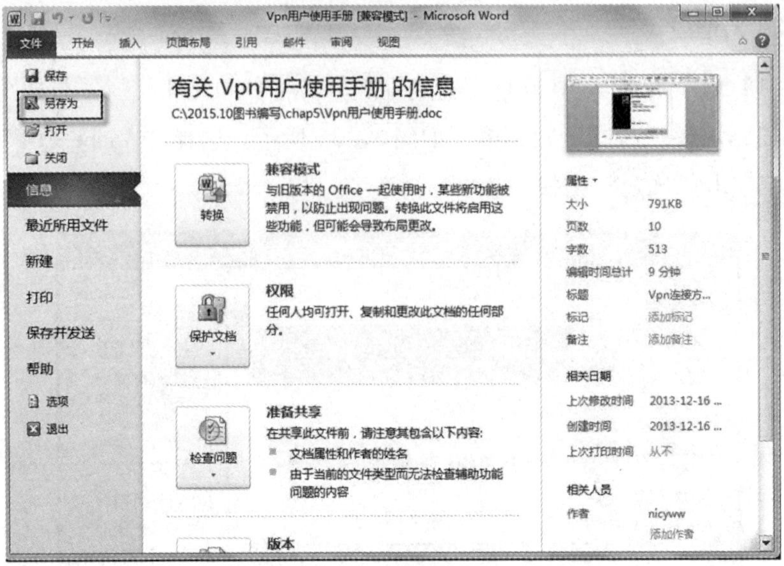

图 5－37　“文件”菜单

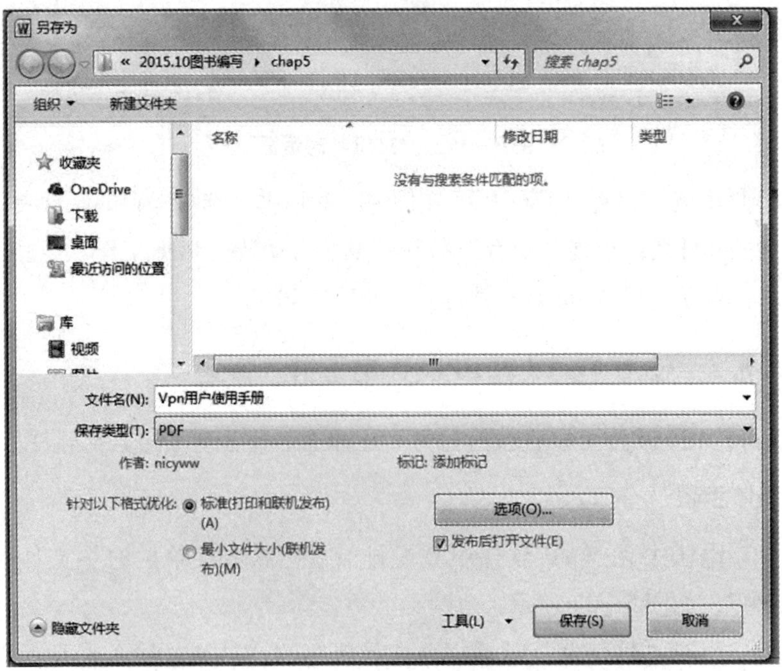

图 5－38　“另存为”对话框

练习与思考

1. 使用 PowerPoint 软件，制作一个讲述该专题知识的演示型课件。

2. 将“使用格式工厂软件实现格式转换”过程录制并编辑成一个微课，并使用 Word 软件将该微课的内容写成一个学习指导手册，并生成 PDF 电子书。

3. 根据你的教学设计方案以及处理好的素材，开发一个课件。

专题六

学科软件的使用

问题导入

学校开展信息技术与课程整合教学改革，并开展了 PowerPoint 课件开发工具的培训。几位教师开始使用 PowerPoint 开发课件，几周下来发现一些问题：

1. 教数学课的王老师和教物理课的张老师发现有一些知识点仅靠 PowerPoint 课件无法教学，如几何数学中的角度测量问题、物理课程中的实验数据展示。

2. 教化学课的李老师发现有关化学分子式、分子结构等在通用课件开发工具如 PowerPoint 中实现起来比较困难，费时费力。

3. 教地理课的赵老师，正在开发一个有关“地球的运动”课件，想使用三维模型动态展示其过程，不知道如何开发。

学科教师可以使用 PowerPoint 等课件开发工具，开发各学科的课件。但有些学科如几何数学、物理实验、化学、地理等，涉及的一些特殊需求，如测量两交叉直线的内错角、展示化学三维结构、展示地球的运动规律，如果只使用 PowerPoint 这些通用的开发工具，可能需要花大量时间和精力编写程序、制作三维素材，这样费时、费力。这就需要根据学科的不同要求，找一些该学科的相关软件制作课件素材或代替课件直接演示，起到事半功倍的效果。

6.1 学科软件使用举例——几何画板

几何画板是Key Curriculum Press公司的软件产品，其最大特点是能动态地展现展示对象的几何关系，给人们提供一个观察几何图形的内在关系、探索几何图形奥妙的环境。它以点、线、圆为基本元素，通过对这些基本元素的变换、构造、测算、计算、动画、跟踪轨迹等，构造出其他较为复杂的图形。

几何画板的操作非常简单，因此，用它开发课件的速度取决于设计者。一般来讲，如果有设计思路的话，操作较为熟练的老师开发一个难度适中的课件只需几分钟时间。正是这种优势，使得几何画板逐渐成为数学教学的重要手段之一，使原本的静态几何成为动态几何。

下面就以几个例子，说明其功能和特点。

1. 应用实例1

教师在讲授平行线的性质定理“两直线平行，内错角相等”时，使用“几何画板”开发了如图6-1所示的课件。

在图6-1中，已知直线AB和CD平行，验证内错角∠ABD和∠CDB相等；在平行线的上方有一个表格显示当前内错角∠ABD和∠CDB的角度均为25.10%。如图6-2所示，教师可拖动“D”点，表格显示当前内错角∠ABD和∠CDB的角度同时发生变化，并且一直保持相同。

2. 应用实例2

教师在讲授“圆柱侧面积计算”时，使用“几何画板”开发了如图6-3所示的课件。

在授课过程中教师点击“展开”按钮，圆柱的侧面缓缓展开（图6-4是展开过程中的截图）。最终形成一个以圆柱的高为宽、柱面的周长为长的矩形。

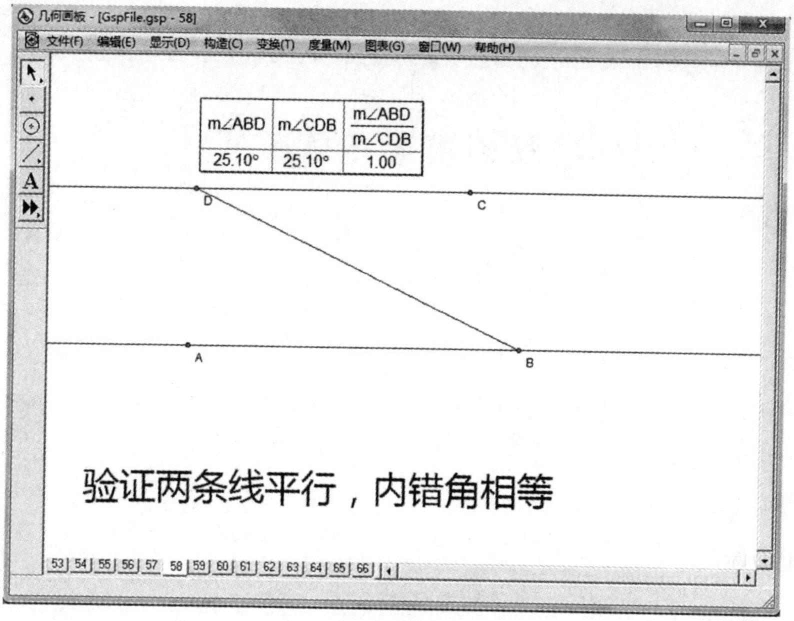

图6－1　几何画板实例1（一）

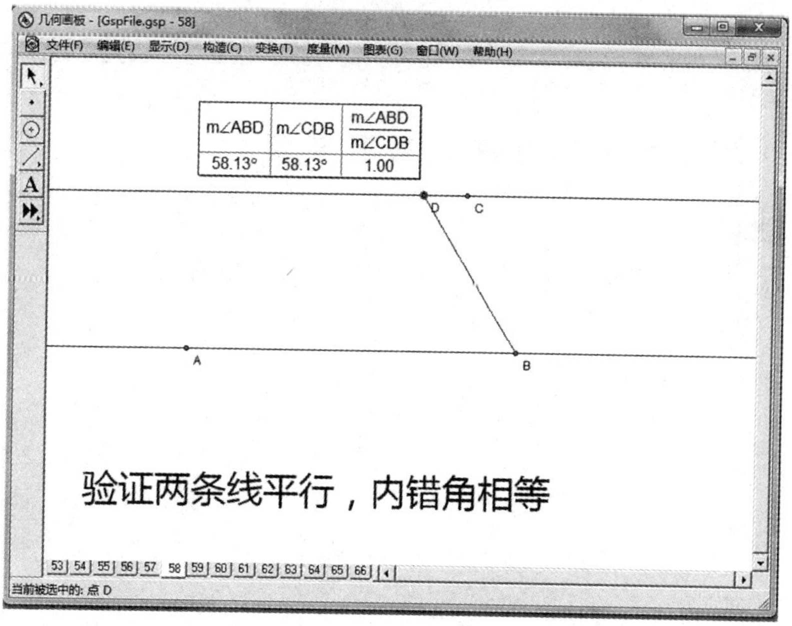

图6－2　几何画板实例1（二）

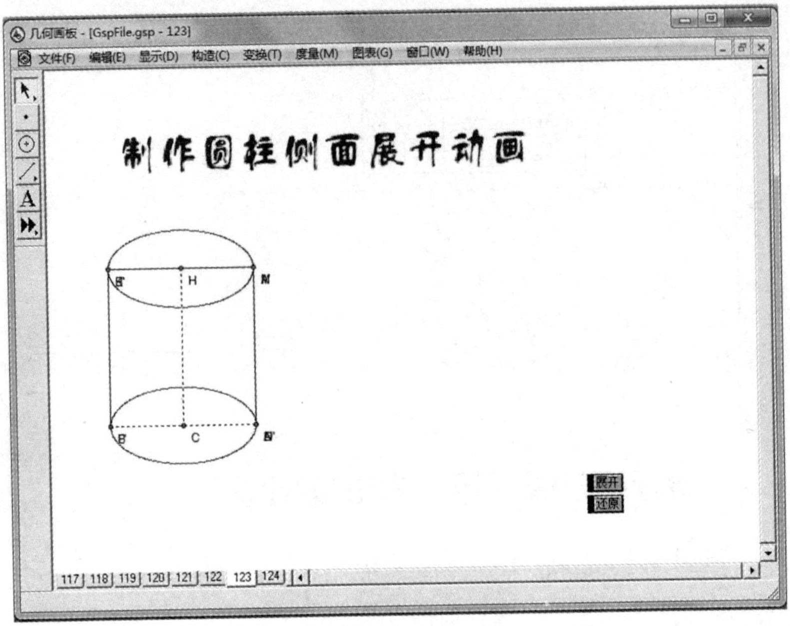

图 6－3　几何画板实例 2（一）

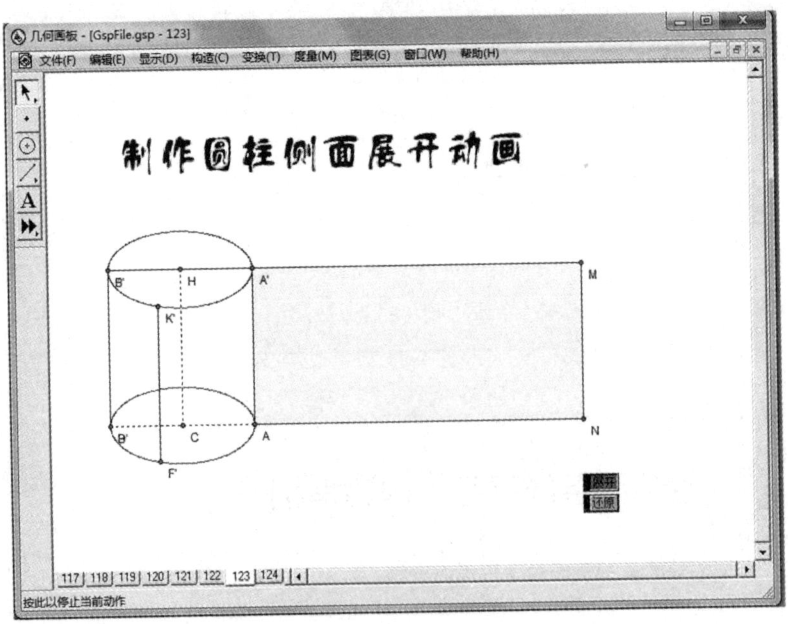

图 6－4　几何画板实例 2（二）

3. 应用实例3

在物理课程中，教师在讲授“简谐振动”时，使用“几何画板”开发了如图6－5所示的课件。如图6－5所示，弹簧一端固定，另一端固定一个小球。

如图6－6所示，点击“振动”按钮，小球开始做简谐振动，坐标轴开始绘制小球运动的“振幅和时间”关系曲线。以此来引导学生认识“简谐振动”的规律。

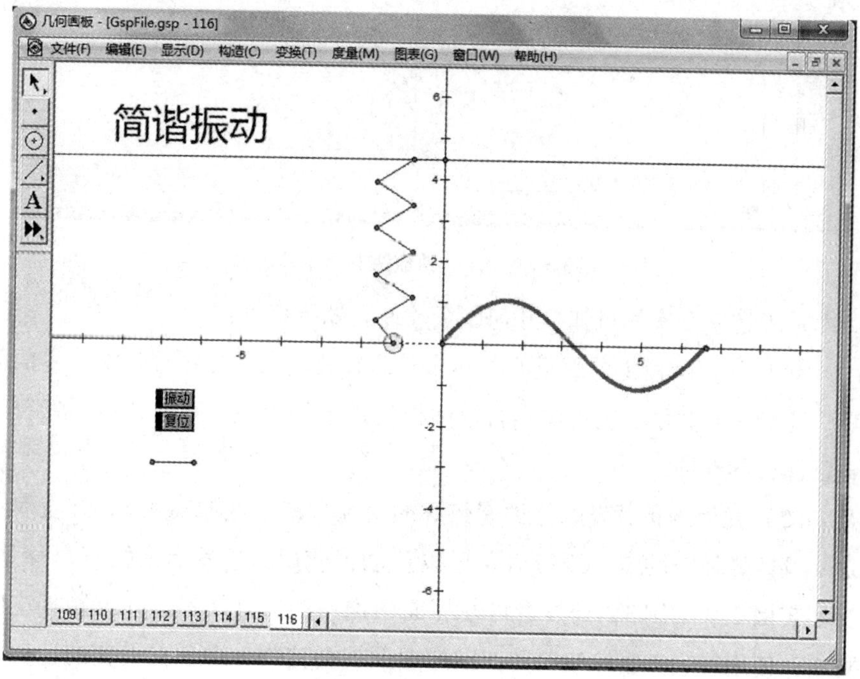

图6－5 几何画板实例3（一）

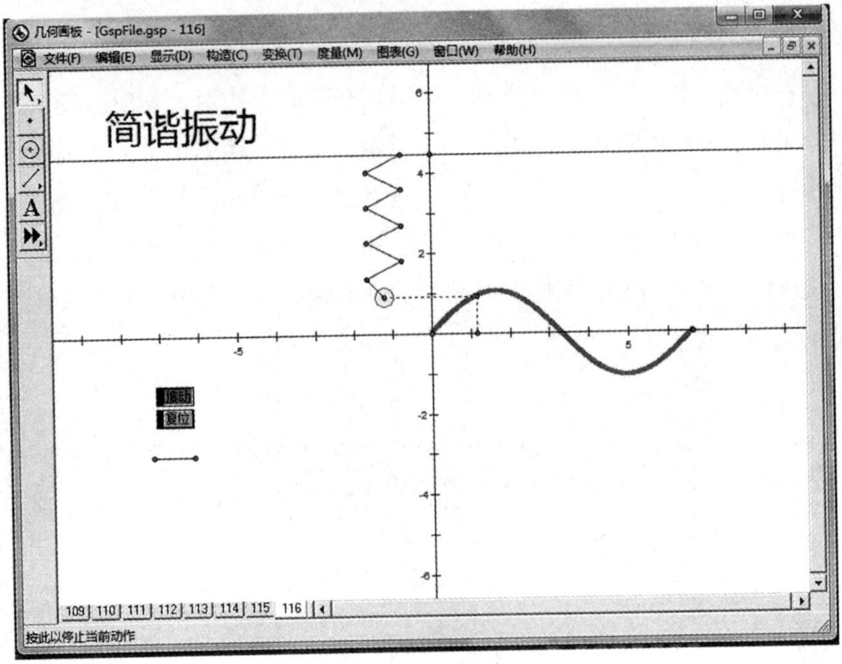

图 6－6　几何画板实例 3（二）

从上述三个实例可知，几何画板软件有如下特点：

（1）几何画板主要用于数学的几何部分教学和部分物理教学，界面简单，比较适合数学、物理的学科教师根据教学的重点、难点自行开发符合自己课程的课件。

（2）几何画板开发的课件有较好的交互功能。例如实例 1，开发者可定义哪些界面中的点、线等对象可以移动，使用时这些点或线可以移动。又如实例 2 和实例 3，开发者可在界面中加一些交互按钮，并编制相应的脚本；使用时，点击按钮，界面中的图形就会按脚本中预先设置的运行规律进行运行。

（3）几何画板有一定的计算功能。例如实例 1，可测量内错角的角度，并实时显示。

（4）几何画板不但可以展示静态图形，并且可以展示动态画面。如实例 2 和实例 3 分别展示了圆柱体侧面展开和简谐振动的过程。

6.2 学科软件使用举例——化学学科软件

在化学课件中，有关化学分子式、分子结构等在通用课件开发工具如PowerPoint中实现起来比较困难，费时费力。这就需要有专门的化学课件辅助工具来编辑、处理、显示化学分子式、分子结构等。

6.2.1 化学学科软件的分类

根据功能划分，化学学科软件可分为以下几类。

1. 化学结构类

该类软件的功能主要是绘制化合物的结构式、化学反应方程式、化工流程图、简单的实验装置图等化学常用的平面图形。常见的这类软件有ChemDraw、ChemWindow、ISIS Draw、ChemSketch等。

2. 三维结构类

这类软件的功能是显示与描绘三维结构，它们能够以线图（Wire Frame）、球棍（Ball and Stick）、CPK及丝带（Ribbon）等模式显示化合物的三维结构。常见的这类软件有Chem3D、WebLab View Pro、RasWin、ChemBuilder 3D、ChemSite等。

3. 数据处理类

该类软件的功能是处理化学实验数据。通用型的软件如Origin、SigmaPlot等可以根据需要对实验数据进行数学处理、统计分析、傅里叶变换、线性及非线性拟合；绘制二维及三维图形如散点图、条形图、折线图、饼图、面积图等。

4. 图谱解析类

该类软件的功能是对目标化合物的化学位移进行估算或作出模拟谱，

用以协助该化合物图谱的指认。常见的这类软件有 ChemNMR、C13 Module for ChemWindow、gNMR 软件等。

6.2.2 显示三维结构软件 MolView

MolView 是一个直观的在线开源化学分子结构式查看、编辑工具。不需要安装任何软件，直接在浏览器中输入网址 http://molview.org/，就可以使用了。MolView 包含化合物、蛋白质、光谱数据库，通过 MolView 能够看到 3D 样式的化学分子结构式，并且该 3D 样式可使用鼠标拖放操作进行旋转，以便于用户从多角度观察。此外，MolView 使用 JavaScript 与 HTML5 技术，所以通过 PC 和智能手机等移动终端都能使用该工具。

如图 6 – 7 所示，这是进入 molview.org 网站的界面，上方是菜单区，左侧是工具栏；主要区域一分为二，左侧显示化学分子结构式，右侧显示该化学分子的 3D 结构。

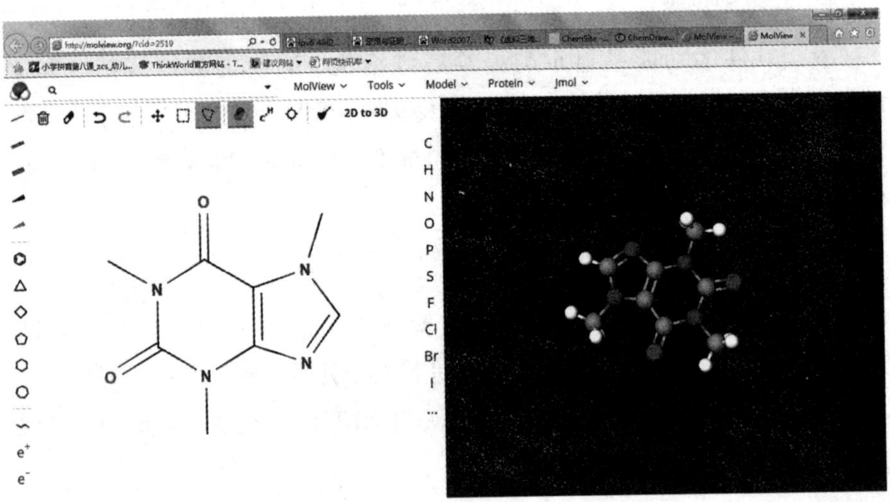

图 6 – 7 MolView 界面（一）

使用鼠标拖放右侧的3D结构，如图6-8所示，其视角发生了变化。

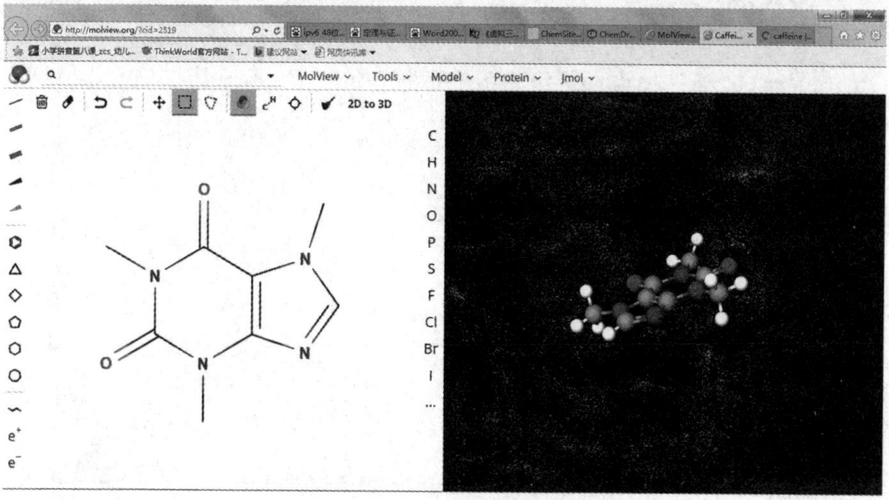

图6-8 MolView界面（二）

6.2.3 化学Word模板

化学教师在出题或写文章时，要输入大量的化学名称、化学式和各种化学符号，需要插入大量的化学实验装置图，工作烦琐且效率低下。笔者从网上找到了一个由一位教师自行开发的化学学科小工具“化学Word模板”，该工具解决了上述问题。该工具安装文件是一个Word模板（扩展名为.dot）。

以Word 2010为例，安装和使用步骤说明如下：

(1) 加载模板。

如图6-9所示，打开“文件”菜单，点击菜单项“选项”。

如图6-10所示，出现“Word选项”对话框，勾选“开发工具”复选框，点击“确定”按钮。

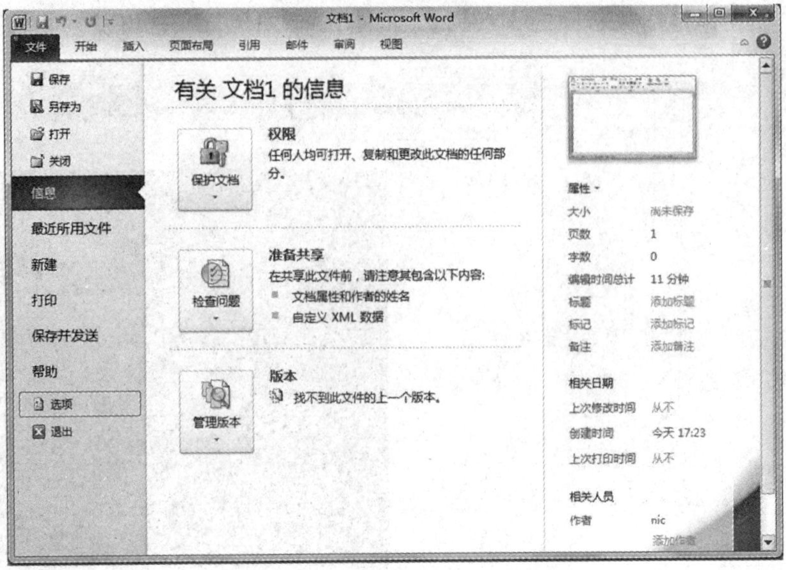

图 6－9　“文件”菜单

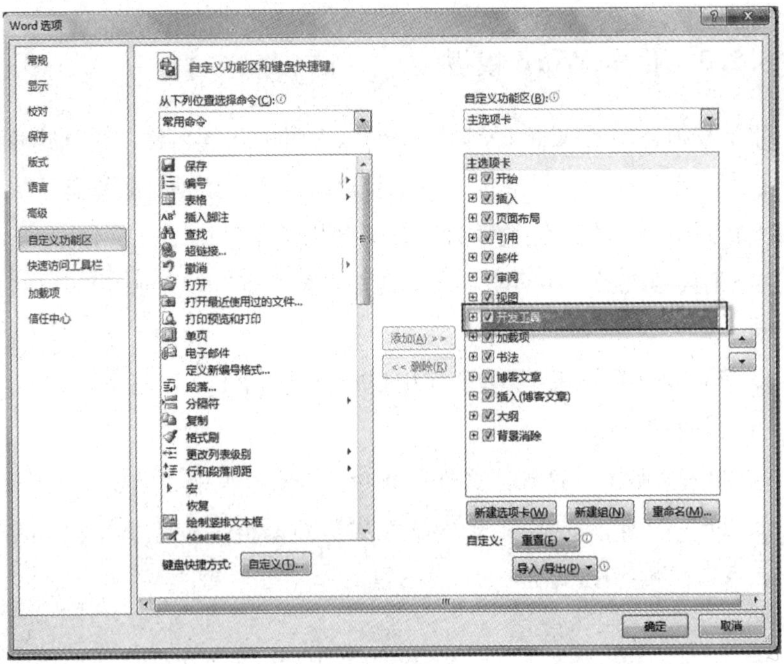

图 6－10　“Word 选项”对话框

如图 6－11 所示，返回到编辑窗口，工具栏上就多了一个项目“开发工具”。打开“开发工具”，点击其中的“文档模板”；出现“模板和加载项”对话框后，在“模板”选项卡中，点击“添加”按钮，选择“化学Word. dot”文件；选择后，“化学 Word. dot”就会出现在“共用模板及加载项”中，将其前的复选框勾选，点击“确定”按钮。

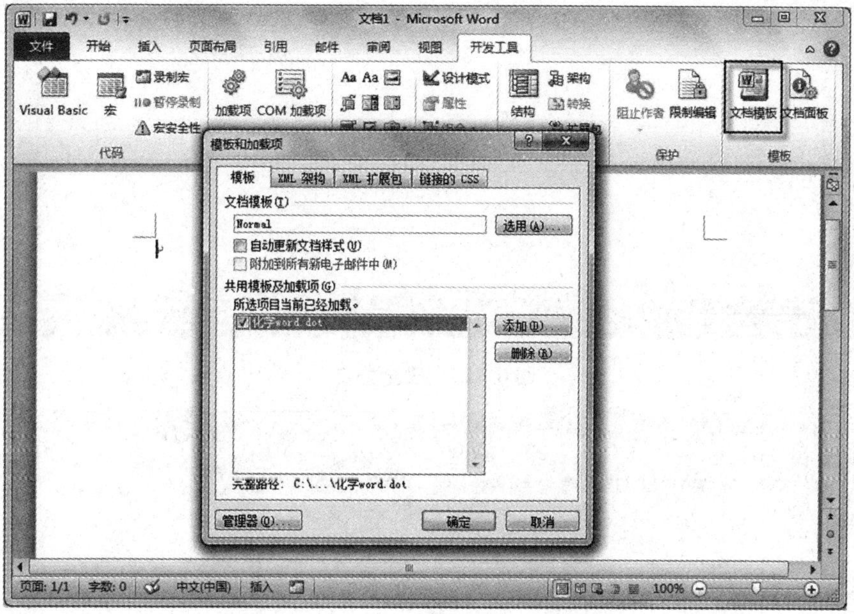

图 6－11 “模板和加载项”对话框

返回编辑窗口后，系统会提示一个安全警告“宏已被禁用”，点击“启用”按钮，如图 6－12 所示。至此，模板就加载完成了。

（2）使用模板。

点击“加载项”，就出现了如图 6－13 所示的与化学相关的插入对象。在“加载项”工具栏中列出了可以插入的对象，有“结构示意图”“电子式”“结构简式”“常用符号”“方程式”“氧化还原反应分析”“仪器装置”“拼装图”“化学家”。点击相应项，在出现的下拉菜单中选择相应的项目。

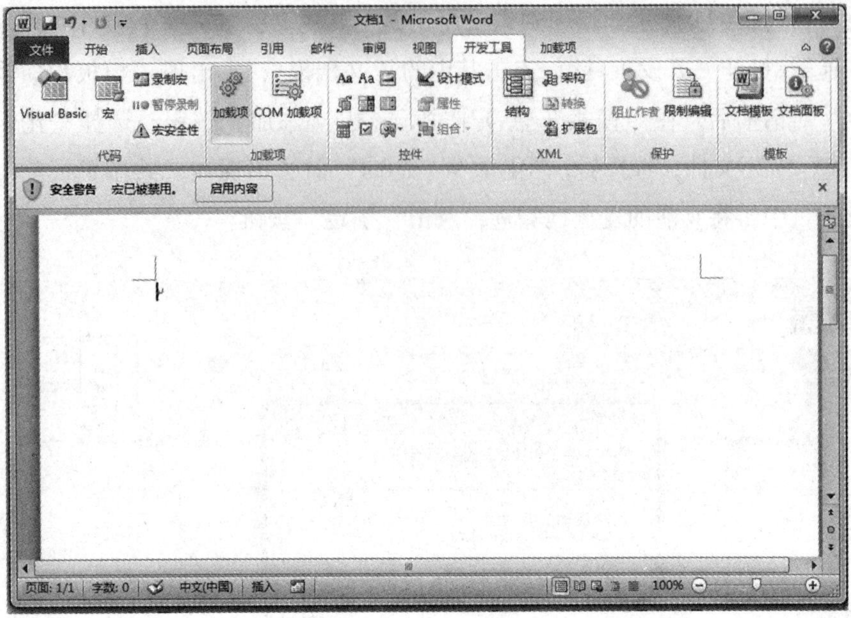

图 6－12　安全警告

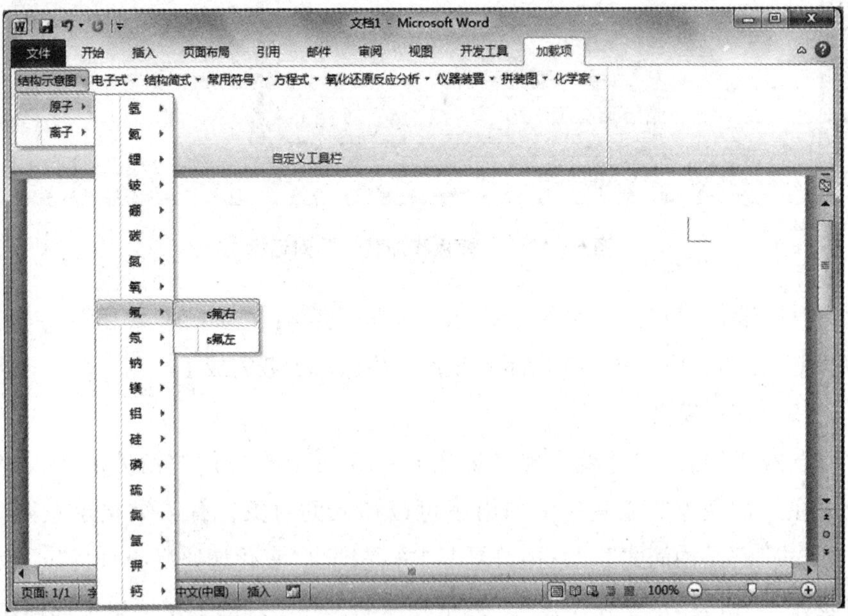

图 6－13　插入对象

点击相应菜单项后，如图 6 - 14 所示，Word 编辑窗口中会出现相应的对象。化学中的对象有“结构示意图”“电子式”“结构简式”“常用符号”“方程式”“氧化还原反应分析”“仪器装置”“拼装图”“化学家”等类别。点击相应类，点击下拉列表的相应项目，即在 Word 中插入该对象。如图 6 - 14 所示，每个对象以浮动图片方式出现，移动到相应位置即可。

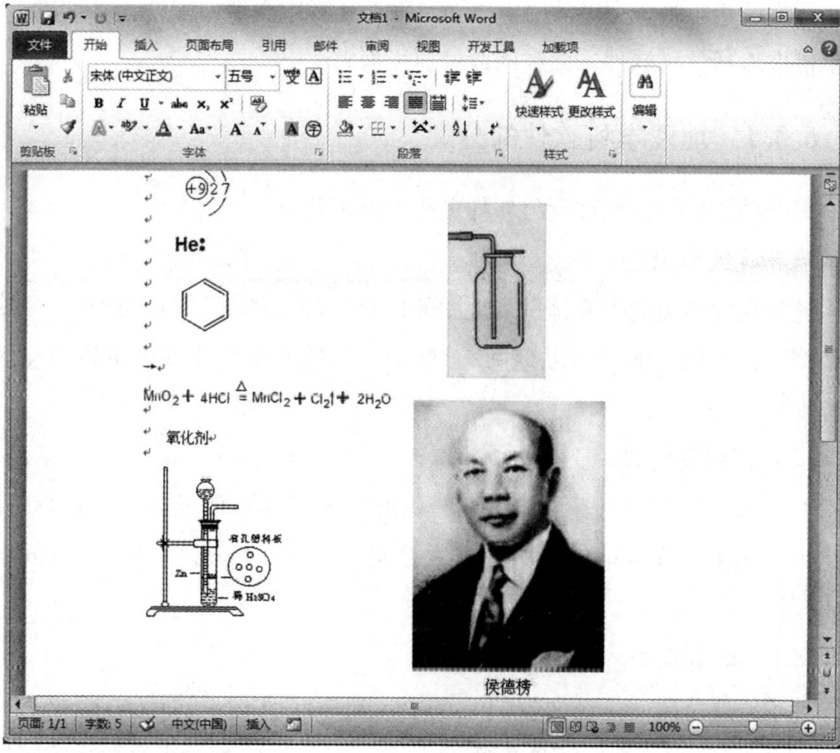

图 6 - 14　Word 界面

6.3 学科软件使用举例——地理学科软件

在地理课程教学中，涉及自然地理、人文地理、区域地理等许多知识。如自然地理中“地球的运动”部分是重点和难点，此部分内容比较抽象；如果一线教师使用 PowerPoint 等通用工具制作此部分课件，难度较大。如果借助地理学科软件，此类问题将迎刃而解。

6.3.1 地理学科软件的分类

根据功能划分，地理学科软件可分为以下几类：

（1）在线地图类。

此类软件的功能主要是呈现地图的信息。如国内的“百度地图”“搜狗地图”以及国外的“谷歌地图”。此类软件的使用只需在浏览器中输入网址即可。

（2）三维模型类。

此类软件的功能主要是以三维形式展现地球等其他天体的运动形态。如国内“虚拟三维地球仪”以及谷歌公司“Google Earth”、Marble Virtual Globe 等。

（3）GIS 开发类。

地理信息系统（Geographic Information System 或 Geo-Information system，GIS）有时又称为“地学信息系统”。它是一种特定的十分重要的空间信息系统。它是在计算机硬、软件系统支持下，对整个或部分地球表层（包括大气层）空间中的有关地理分布数据进行采集、储存、管理、运算、分析、显示和描述的技术系统。其开发平台有 ESRI 公司推出的 ArcGIS、MapInfo 公司的 MapInfo、GEOCONCEPT 集团的 Geoconcept 等。但此类软件对一线教师来说，难度较大，开发周期较长。

6.3.2 Google Earth 介绍

Google Earth 是谷歌公司推出的一款虚拟地球仪软件，它把卫星照片、航空照片和 GIS 集合在一个地球的三维模型上。如图 6－15 所示，通过使用这款软件既可以从空中观察地球的地形地貌，也可以近距离观察地表细节。同时，Google Earth 还提供了许多与地理相关的应用工具，可以很好地辅助中学地理教学。

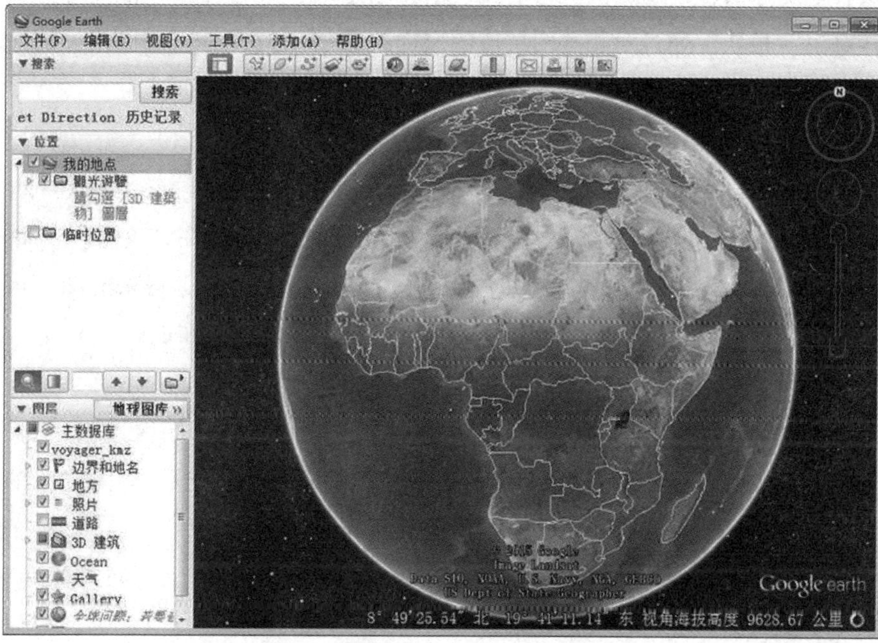

图 6－15　Google Earth 主界面

主要功能

（1）地图浏览功能。

在 Google Earth 中我们可以浏览很多图片，包括公共上传的照片、受许可的航空照片和卫星照片。通过地图的浏览功能，我们可以获得地球自然环境的详细情况、各地区或国家的精确位置、各大城市的部分地理概况等信息。浏览地图的功能可以使用鼠标的点击、拖动、滚动来完成，也可以使用软件界面上的相关辅助选项来实现。

（2）图层功能。

Google Earth 具有强大的图层功能，随着版本不断更新，图层信息也越来越丰富，在 Google Earth 7.1.1 官方中文版中，具有了边界和地名、地方、照片、道路、3D 建筑、海洋、气象、图片库、全球意识等更多图层。其主数据库不仅提供了与高中地理知识相关的边界、地形地貌、海洋、气象、地震等信息，还提供了与培养学生环保意识、全球意识等相关的“全球意识”板块。通过对相关图层或图层内选项的勾选，可以看见相关的地理信息。

（3）地图制作功能。

Google Earth 具有把所需地图导出的功能。可以根据教学需要在 Google Earth 上对地图进行方位、大小、倾斜度等的调整，然后在“文件”菜单中选择“保存”命令，进行图片的保存。从 Google Earth 上得来的图片可以作为教学资料，方便教师形象地向学生展示相关的地理知识。

6.3.3 虚拟三维地球仪软件介绍

江西省白鹭洲中学开发了“虚拟三维地球仪”软件，这是一个三维的可交互演示的地球仪，可用于自然地理方面的教学中。

如图 6－16 所示，该软件动态展现了“地球的运动”，并对其视角、对象、颜色、运动等做进一步的设置，展现运动的视角等随之改变，以便于学生深入观察地球的运动规律。

如图 6－17 所示，该软件动态展现了“太阳的运动”，并对其视角等做进一步的设置，展现运动的视角等随之改变，以便于学生深入观察太阳的运动规律。

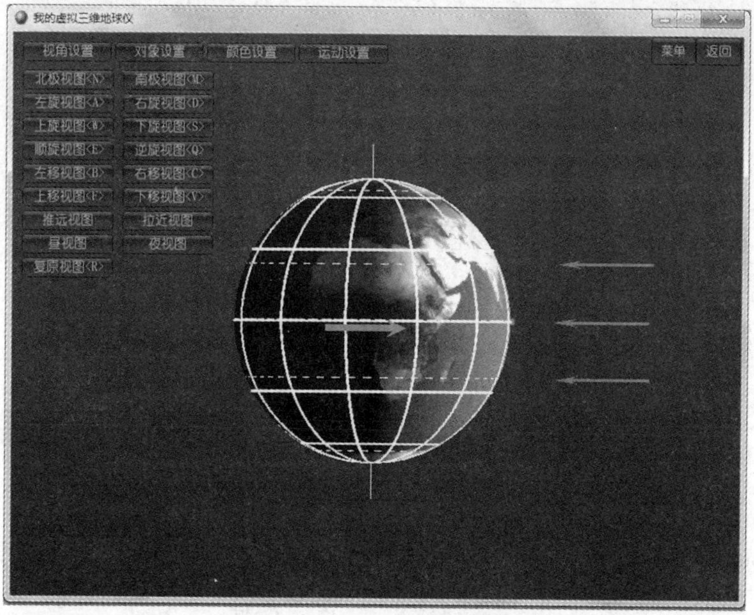

图 6－16　地球的运动界面

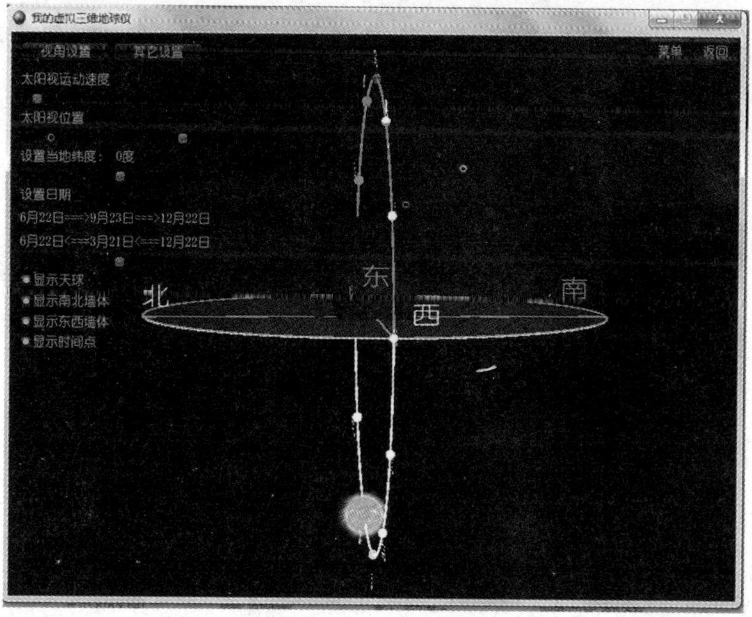

图 6－17　太阳的运动

练习与思考

1. 和同一学科的教师一起讨论，你们在该学科教学中还使用过哪些学科工具软件，它们有什么特点。

2. 在你所教学科中选择某门课，使用该学科的相关学科工具，制作相应的学科资源。

专题七

信息道德与信息安全

问题导入

几位同一教研室的老师在这学期都遇到了类似的问题：

1. 经常使用的U盘找不到文件了，或自己的电脑又启动不了，又得找电教老师处理了，自己能不能采取哪些措施以保证尽量不发生上述问题？

2. 每个学生都有手机，有几位学生不认真听讲，浏览一些色情、暴力等不健康的信息，这该如何开展相关的思想教育工作？

信息技术是一把双刃剑，如果使用得当能给我们带来方便，也可以实现教学效率“最优化”；如果使用不当，就会给我们的教学和学生成长带来一定的负面影响。学生在使用信息技术时，有可能存在信息道德与信息安全失范的行为，而这些行为有可能会带来很多危害。因此在日常教学中，一方面教师要采用措施保障自己的信息安全；另一方面要培养学生的信息道德与信息安全意识。

7.1 信息道德与信息安全概述

7.1.1 信息道德与信息安全的内涵

信息道德也称信息伦理，它首次被美国教授W. 曼纳在1976年提出，自此之后被西方国家学者重视。美国圣克劳德州立大学图书馆管理员罗伯特·豪普特曼（Robert Hauptman）在20世纪80年代提出："所有对与信息生产、信息储存、信息访问和信息发布伦理问题相关的研究都统称为信息伦理。"

我国于20世纪90年代中期才引入"信息道德（或信息伦理）"这一术语，关于信息道德（或信息伦理）的概念很多，学者与专家从不同的视角对这一概念进行了阐述，一般认为信息道德指在涉及信息开发、信息传播、信息的管理和利用等方面的伦理要求、伦理准则、伦理规约，以及在此基础上形成的新型的伦理关系。

信息安全涵盖的领域非常广泛，其内涵是与时俱进的，随着时代的发展而发展。它从初期的通信保密发展到涉及信息、通信、计算机、数学等诸多学科，成为综合、交叉学科的概念。对其内涵的概括有许多不同的表述。一般认为，信息安全主要指信息产生、制作、传播、收集、处理直到选取等信息传播与使用全过程中的信息资源安全。目前对信息安全最主要的关注点集中在信息传输的安全、储存的安全以及信息内容的安全三个方面。

7.1.2 学生信息道德与信息安全失范的行为表现及危害

学生信息道德与信息安全失范的行为本身错综复杂，行为之间也存在千丝万缕的联系，大致可分为以下几类：制造和传播色情暴力信息，制造和发送垃圾邮件，制造和散布虚假信息及谣言，制造和传播计算机病毒，泄露单位和组织等机密信息，使用不文明用语及发表不当的言论等。

信息道德与信息安全失范行为会带来很多危害。传播各类病毒、剽窃软件、金融投机、冒名订货、盗窃国库及盗取国家机密等，严重破坏了经济与社会管理秩序，有的甚至给国家的主权和安全造成严重的后果；网络上一些违反道德的言论、色情、暴力等不健康的信息，对自制力较弱的大学生的生活、学习和健康人格的形成都会带来负面影响；网上侵犯知识产权行为的大量发生严重危害权利人的利益；黑客通过编制“逻辑炸弹”“邮件炸弹”“蠕虫”等非法程序来制造混乱，使得信息安全得不到保证等。

7.2 常见的信息安全问题及应对

7.2.1 常见的信息安全问题

1. 软、硬件方面

由于计算机网络信息系统固有的缺陷，导致计算机系统在建立过程中并不能选择有效的安全防护措施，比如对联网没有验证过程、共享的文件没有受到保护、计算机文件没有及时备份、用户设置的口令较短等使得信息安全难以保障；由于硬件出现了物理损坏、设备出现故障或者传输线路出现安全质量方面的问题都会导致信息安全出现问题。同时，在大数据存储的模式下，一般都是将数据进行集中后存储在一起的，那么就会出现某些生产数据放在经营数据的存储位置中的情况，导致用户的安全受到一定的影响。此外，由于安全防护手段的更新升级速度无法跟上数据量非线性增长的步伐，就会暴露大数据安全防护的漏洞。

2. 病毒

计算机病毒这一能够进行自我复制与传播的软件程序，能够给计算机系统带来巨大的破坏，让计算机难以正常工作，甚至导致系统彻底瘫痪，对计算机信息安全构成了巨大的威胁。互联网中经常存在一些免费的应用软件，用户可以免费使用分享及复制，如果这些软件带有计算机病毒，那么病毒就可以随着软件的传播和使用进入到各种领域，这势必会对计算机网络造成很大的危害。

3. 黑客攻击

一般来说，黑客对于计算机网络信息攻击分为两种：一种是破坏性的攻击，即使用某种方式来对信息的有效性与完整性进行破坏，这属于纯粹的信息破坏，比如篡改时间，消息的顺序，伪造虚假的相关信息等，进而使网络信息失去其完整性、真实性，造成严重的损害；另一种就是非破坏性的攻击，这种攻击是在不影响计算机网络正常工作基础上，来对重要信息进行拦截破译，随着数据的增大就会吸引更多潜在的攻击者，同时在黑客将数据攻破之后还会根据突破口而获取大量的数据，因此很多黑客都喜欢攻击大数据技术下的数据，在可以降低一定程度的攻击成本的情况下获得更多的收益。

4. 隐私泄露

由于对当前互联网中隐私信息的规定并没有制定合理的标准，也就是并没有界定其隐私数据的所有权和使用权，在对很多的大数据进行分析后没有对个人隐私问题进行考虑，因此导致：在大数据技术的背景下，由于大量数据的汇集而使得其用户隐私泄露的风险逐渐增大，用户人身安全也有可能受到一些影响。

5. 信息污染

信息污染是指在信息中掺杂了一些没有实际用途的、不完善的、具有危害性的元素，或者是信息中那些不利元素违反了职业标准，碰触到了道德底线，对信息的开发、传播和使用造成了不利的影响，给国家、社会和用户带来了严重危害。比如无用的信息（一些过时的信息、重复的信息或者是主观目的性比较强的信息）、劣质信息（内容不完整、语言不准确、书写有错误的信息）、具有危害性的信息（有关宗教、政治反动的信息，黄色淫秽信息，诽谤煽动信息和虚假信息等）。

7.2.2 应对措施

1. 教育措施

提高信息安全意识。提高用户关于信息安全的意识是保证信息安全的基础，应采取各种措施提高用户的信息安全意识，让用户认识到维护信息安全是每个公众的责任和义务。

努力培养专门的信息安全管理人才。培养专门的信息安全管理人才是提高信息安全水平的有效措施。要加快信息安全管理人才的培养，不断提高信息安全管理水平。

2. 政策措施

不断完善信息安全政策。合理的信息安全管理政策能够为信息安全的管理工作提供正确的方向、科学的方法，能够指导其他信息安全管理措施的制定和实施。

3. 法律措施

制定颁布合理的信息安全法律法规，可以让信息主体的行为有所规范，可以及时惩治信息安全犯罪分子，随时给公众以警惕。要制定网络使用法律法规，以保护计算机软件和硬件、保护网上信息和数据、及时处理网络上的有害信息；要制定和完善知识产权制度，减少和杜绝对计算机软件程序、图书、文献等的抄袭和违法复制与包装。

4. 技术措施

技术措施是保障信息安全的根本途径。

（1）采用防火墙技术。

为了能够防止不法分子与病毒入侵，可以采用防火墙技术。这种技术是将内部网络与公共网络分开的方法，实质上是一种将隔离技术应用在两个网络通信过程中的方法，防火墙实施了访问控制手段，只允许用户同意的人与信息进入到用户的网络中，并能将不同意的人与信息拒绝在外，做到了风险防护。

（2）使用入侵检测技术。

选择入侵检测系统能够迅速帮助网络系统去发现将要被攻击的可能性，这种技术能够拓展计算机系统管理人员的安全管理能力，并且让信息安全基础性能得到显著提高。在实际应用中，可以与安装的防火墙与路由器进行密切配合，检查网段中所有的通信情况，并准确详细地记录，使信息安全得以保障。

（3）安装杀毒软件。

在自己电脑上安装能够实时更新的杀毒软件，最好是性能比较高的杀毒软件，有了杀毒软件之后一定要定期进行杀毒，而且上网时一定要保证杀毒软件的开启状态。如果时间允许还可以在安全模式下进行查杀处理，这样有效杀出病毒的几率会大大提高。

（4）数据备份。

通常而言，计算机信息需要备份的数据分为重要的系统数据与用户数据两种，因此通常备份信息分为两个方面：一方面是对重要的系统信息进行备份，进而保证了系统的正常运行；另一方面就是用户数据备份，以防用户的信息数据丢失或者破坏。

（5）采用数据加密技术。

利用数据加密技术来对数据进行保护是保障网络安全的重要措施，数据加密技术就是指：数据传送时，把待传递的数据按照事先编写好的加密算法变成难以识别的密文；在对方接收时，再根据编写好的加密算法进行逆运算将密文进行解密。数据即使被截取了，若没有加密算法也无法识别。

（6）应用认证技术。

认证技术主要是用来确定消息发送者的身份和确定消息在传送过程中的完整性。目前常用的认证技术有：消息认证、身份认证、数字签名等。利用消息认证和身份认证可以解决防止第三者伪装和破坏的问题；数字签名能够防止他人冒名进行信息发送和接收，以及防止本人事后否认已进行过的发送和接收活动。

7.3 培养学生信息道德与信息安全意识的策略与方法

当代社会，信息技术为人们的学习、生活和工作提供了前所未有的便利和快捷。然而，信息技术在产生积极影响的同时，势必会有一些负面效应。特别是中小学生，辨别是非的能力较弱，很容易受其中一些不良信息的影响。因而采用有效的策略和方法培养学生的信息道德与信息安全意识，让学生明确是非观念、规范行为，是一项非常重要的任务。

1. 正确引导

计算机及网络是一种学习和工作的工具，也是一种娱乐工具。目前学生对计算机的兴趣往往不是来源于计算机本身，而是来源于对网上聊天、交友、网络游戏、网上恶作剧等的热衷。以游戏而言，有益的电脑游戏对训练学生的协调能力、判断能力等有一定的帮助，但如果把电脑游戏视作计算机应用的全部，沉迷于此，只会对学生的身心发展有害无益。诚然，我们要积极教育、引导学生把计算机作为一种帮助自己学习的工具，引导学生正确对待利用网络的娱乐功能非常必要。

互联网为学生提供了丰富的网络学习资源，但是，如果放任学生在网络世界中驰骋，缺乏正确的引导，他们就会在网络中"迷失"。有的学生分不清网络中的真实与虚假，把一些未经证实的消息到处传播；有的学生沉迷于网络的反动、暴力甚至色情的内容等。因此，教师要帮助、引导学生不仅要学会处理信息，还要学会用正确的观点去分析信息，辨别是非，去伪存真，分清精华与糟粕，才能更好地选用网络信息，善用网络资源。

2. 课堂教学渗透

结合课堂的知识与技能目标、过程与方法目标、情感道德价值观目标，围绕信息道德与信息安全意识品质的形成来设计学习任务。在完成学习任务的过程中，学生要学会收集、整理、处理信息的方法，要学会辨别信息、正确应用信息的方法。

另外，要把培养学生信息道德与信息安全意识的相关教学内容列入教学计划中，通过课堂教学这个主渠道，对学生进行教育。

3. 重视网络教育资源的建设和管理

由教师组织牵头，学生主体参与，针对学生的特点，建立培养学生信息道德与信息安全意识为内容的网站，宣传信息道德、信息安全方面的内容，推进信息道德、信息安全教育的资源建设，对学生进行正面引导、反面谴责的教育，培养其信息道德意识与道德责任感，使其养成文明的信息行为习惯，提高学习者的道德认知，培养其信息道德、安全的判断、选择能力和自律精神。

建立一批由专门的教育机构和学校管理的、适合特定群体的有针对性教育教学内容的权威教育网站，要求网站内容资源全面，呈现方式和导航系统清晰，努力排除无效信息的干扰，帮助学习者快捷获取所需信息。

4. 规范网络行为

慎用 U 盘、移动硬盘之类的存储设备。在使用 U 盘之类的存储设备时要小心谨慎，打开 U 盘时尽量不要双击打开，这样很可能会激活存在于里面的木马，使用 U 盘打开前最好能够先杀一遍毒，甚至需要我们专门去网上搜取 U 盘木马专杀来预防计算机再次被感染。

一些同学自恃计算机水平较高，他们私自携带软盘通过教学网络攻击教师机和服务器，造成教学网络的瘫痪，从而影响教学的正常进行。还有的强行控制别人的计算机，随意删除别人的软件及作品，破坏别人的工作和学习。对于这些“不正常”行为，教师要教育学生认识其潜在的危害性，要规范一些最基本的规章制度以约束学生。如：不允许用计算机去伤害别人；不允许窥探别人的文件；不允许未经许可而使用别人的计算机资源；不允许使用或拷贝没有付钱的软件等。

学校和教师应当尽早建立网络环境中的行为规范，帮助学生增强网络法制意识和网络伦理道德观念，提高明辨是非的能力，使其上网行为符合法律法规和社会公德的要求。

练习与思考

1. 分析你在日常工作中遇到了哪些常见的信息安全问题，并提出应对方法。

2. 作为学科教师，你今后将如何在自己的教学中培养学生信息道德与信息安全意识？

参考文献

[1] 袁秀利，齐春燕．微课的设计与操作［M］．北京：世界知识出版社，2015.

[2] 郭广丰，苗青．别说你会用PPT［M］．北京：世界知识出版社，2015.

[3] 何克抗，刘雍潜．教育技术培训教程（教学人员初级）［M］．北京：高等教育出版社，2005.

[4] 何克抗，李文光．教育技术学［M］．北京：北京师范大学出版社，2002.

[5] 祝智庭．教育技术培训教程（教学人员版·中级）［M］．北京：北京师范大学出版社，2007.

[6] 符绍宏，雷菊霞，邓瑞丰，袁理．因特网信息资源检索与利用［M］．2版．北京：清华大学出版社，2005.

[7] Johnson，L.，Adams Becker，S.，Estrada，V.，and Freeman，A.（2015）．NMC Horizon Report：2015 K-12 Edition. Austin，Texas：The New Media Consortium［J/OL］．http：//k12. wiki. nmc. org/，2015.

[8] 白晓晶，吴莎莎．创设多样化学习情境促进学生的深度学习——《新媒体联盟地平线报告：2015 基础教育版》解读［J］．中国教育网络，2015（10）．

[9] 张渝江．2015 地平线报告基础教育版概述［J］．中国信息技术教育，2015（1）．

[10] 金莛．巧用 Google Earth 活化地理教学［J］．地理教育，2013（7）．

[11] 陈晓斌，林启栋．自制教学软件“虚拟三维地球仪”及其教学应用［J］．中学地理教学参考，2012（1）．

[12] 韩冰冰．基于 TAM 的中小学教师电子白板接受性研究［D］．上海：

华东师范大学，2012.
[13] 张红娟. 基于 SMART 电子白板的互动课件开发 [D]. 上海：上海师范大学，2012.
[14] 邬小梅. 基于 QSR Nvivo10 的交互式电子白板教学应用层次研究——以小学数学学科为例 [D]. 兰州：西北师范大学，2014.
[15] 廖凌宏，葛渊波. 活用电子白板技术 创设物理情景——以《平抛运动》教学片断为例 [J]. 福建基础教育研究，2013 (11).
[16] 哈斯其木格，召那苏图. 提高蒙语自然课教学效率培养蒙古族学生生态意识——多媒体技术在小学蒙语自然课教学中的实践研究 [J]. 内蒙古科技与经济，2009 (7).
[17] 张梦然. 虚拟现实青蛙解剖软件开发成功 [N]. 科技日报，2008-02-23 (2).
[18] 吴凤娟. 虚拟现实技术应用状况 [J]. 科技视界，2015 (7).
[19] 赵艳花. 通用技术课程虚拟实验的教学设计与应用研究 [D]. 济南：山东师范大学，2011.
[20] 朱新明，李亦菲. 人的自适应学习——示例学习的理论与实践 [A]. 第八届全国心理学学术会议文摘选集 [C]. 1997.
[21] 朱红卫. 视频展示台教学功能刍议 [J]. 桂林师范高等专科学校学报，2009 (1).
[22] 林红. 信息伦理问题研究 [J]. 现代商贸工业，2010 (24).
[23] 钱松岭. 中小学信息社会学课程开发研究 [D]. 长春：东北师范大学，2014.
[24] 国家教育资源公共服务平台，http://www.eduyun.cn/.
[25] 国家基础教育资源网，http://www.cbern.com.cn/.
[26] 孩子国幼儿园资源库，http://36.jiating.org.cn/.
[27] 百度帮助中心，http://www.baidu.com/search/jiqiaos.html.
[28] 百度百科，http://baike.baidu.com/
[29] MolView，http://molview.org/